◇一部生动有趣的华夏小镇金融成长史◇

小镇金融学

伍　聪◎著

HISTORY OF SMALL TOWN FINANCE

九州出版社
JIUZHOUPRESS

图书在版编目（CIP）数据

小镇金融学 / 伍聪著. --北京：九州出版社，2021.6

ISBN 978-7-5225-0111-6

Ⅰ. ①小… Ⅱ. ①伍… Ⅲ. ①金融学－通俗读物 Ⅳ. ①F830-49

中国版本图书馆CIP数据核字（2021）第101195号

小镇金融学

作　　者　伍　聪　著
责任编辑　周　春
出版发行　九州出版社
地　　址　北京市西城区阜外大街甲35号（100037）
发行电话　（010）68992190/3/5/6
网　　址　www.jiuzhoupress.com
印　　刷　三河市中晟雅豪印务有限公司
开　　本　700毫米×970毫米　16开
印　　张　16
字　　数　190千字
版　　次　2021年6月第1版
印　　次　2021年6月第1次印刷
书　　号　ISBN 978-7-5225-0111-6
定　　价　48.00元

目录

第 1 章 画中蓬莱

第 2 章 财富从哪里来

第 3 章 金融的本性

第1章

画中蓬莱

远行

海的尽头是什么?

每当轩辕启恒面对大海时总会这么想。

小镇不知凡几千年，红墙碧瓦、层楼叠榭，人们过着日出而作日落而息的生活。虽然小镇就在海边，却很少有人扬帆远航。

茫茫大海不知多少次曾出现过迷离的幻影，有时烟柳画桥，有时风帘翠幕，有时则是一片茫茫大漠。

人们不知所以，只能将之称为“蓬莱”，传说是仙人居住的地方。

轩辕启恒听着这些传说长大，也知道蓬莱只是一个传说。可是，从很小的时候起，一个念头从来没有停止过：蓬莱仙山就在眼前，难道不能真正到达吗？烟柳画桥、风帘翠幕，莫非永远只是幻影?

海风把轩辕启恒的衣服吹得猎猎作响，他又把这个心愿说给了最好的朋友长孙东阳——他要去找到蓬莱仙山！在小镇上，只有长孙东阳不会觉得他的心愿是天方夜谭，能理解他心底那种淡淡的忧伤，那种没有实现一生梦想的愧意。

“不为了什么，我就是想去看看。”

长孙东阳眼睛望着深邃的大海，口中喃喃地说：“蓬莱、蓬莱，有谁真的见过蓬莱呢？此一去，真值得吗？”

“反复想过了，路上可能会遇到风暴，甚至会丢了性命。可真的不想每天一觉醒来，我永远是我，梦境曾经是梦境，现实永远是现实。”

长孙东阳依然面无表情，嗓音却变得无比坚定：“小镇廪庾皆满，所谓‘耕三余一’，以咱们的积累，再添一些就能支撑往返航程。可是，谁愿意拿自己的财货为你的梦想冒险呢？还有，蓬莱只是传说，咱们有远行的海图吗？”

“一个偶然的机会，我得到过一个古卷，记载了十万里海图。卷轴上说，海的对面是另一个世界，有很多稀奇古怪的东西，闻所未闻，但那个世界没有我们的茶叶、瓷器、香料。古卷中记载的东西不知道真假，就从没跟你们说过。”

长孙东阳的眼睛突然放出了光芒，表情变得坚毅起来，他拍了拍轩辕启恒的肩膀：“这不是一次单纯的冒险，只要是从来没见过的东西就可以随意定价，如果海图为真，赚的不可想象啊！既然有钱赚，还怕募集不到钱吗？”

看着长孙东阳如此兴奋，轩辕启恒反而笑了：“你怎么不想一想，海图如果是假的呢，远航岂不是血本无归？”

“上下几千年，能赚钱的生意早被人做遍了。凡事哪有百分百的把握，没有大海的汹涌波涛，没有风险，百分百赚钱的生意能轮到你我？我们筹资不是借钱，凡给我们钱的人，分担成本也分享收益。不肯出钱，只有一个理由——我们给出的收益不够大，只要得到的收益足够大，无论多大的风险，一定有人跟随我们。”

轩辕启恒和长孙东阳在海边没有回家，天明的时候二人相视一笑，终于下定了决心，也拟定了整个募资计划。

专题 1-1：

从“耕三余一”说起

很多人一定想过这个问题：如果不工作，能支撑多长时间。当然，还要保持生活质量的现状。

这是一个亘古以来的经济学谜题，也是人类美好的理想。对此，我们可敬的先人给出的答案是“耕三余一”，即，耕作三年即可休息一年。“耕三余一”语出《汉书·食货志》，“民三年耕，则余一年之蓄”，这是千年来我们祖先追求的目标。

值得骄傲的是，西汉、盛唐、两宋，中华民族的先民很多次达到过“耕三余一”的标准，据史籍记载推算，西汉年间我国农业劳动力的原粮年产量约为 2000 市斤，盛唐这一数字约为 2400 市斤，两宋的巅峰曾经达到过 3000 市斤，如此才能支撑起《清明上河图》中的“百业”。

很遗憾，这只是巅峰数字，我们的农业劳动生产率曾长期在低位徘徊。迄今为止的中国经济史上的统计数字揭示了无情的事实：两千多年来农业劳动生产率发展缓慢。在数千年的经济演进中，我们的先民为何会有如此历程，究竟怎样的激励机制才能让人去创造和积累财富，该如何理解财富的内涵，又该如何快速拥有财富？

我们将虚构一个小镇，在这里一起见证小镇从农耕时代演进到金融时代，在简单的故事中探寻金融和经济的真谛。

很快，小镇上每一个人都知道轩辕启恒和长孙东阳要去寻找蓬莱，承平日久的小镇立刻有了谈资。

人们有很多很多疑惑：

——蓬莱、蓬莱，亘古以来传说中的仙山，烟波澹荡摇空碧，楼殿参差倚夕阳。既然是仙山，怎么可能找到？

——轩辕和长孙确实曾在近海打过鱼，蓬莱可是一棹三万里的远海，为什么会做如此愚蠢的事情？虽然轩辕启恒自称有一张到达蓬莱的海图，毕竟没有人到达过蓬莱，谁知道真假？

——且不说往返消耗掉多少财货，小镇上的瓷器和香料怎么能换来蓬莱仙山的东西？难道仙人还需要小镇上的瓷器和香料？要知道，蓬莱仙人无所不能，怎么会稀罕小镇上这点东西？

保不齐是骗局吧，谁又能保证两个人不会席卷财货从此消失？

轩辕启恒无暇顾及人们说什么、想什么，他们正忙着向全镇募集财货。全部成本被拆分为 100 份，每人至少认购 1 份，称为“股份”，出资者则被称为“股东”。持有股份的人将和轩辕启恒、长孙东阳一起分享收益、分担风险，他们两人持有 51 股，其余 49 股向全镇募集。

为什么要出资购买股份？

轩辕启恒的回答是：如果在投资之前就明确收益率，人们永远无法靠这种投资致富，毕竟上限就在那里摆着。相反，只有未知才能带来无尽的财富，因为没有上限。没有人到过蓬莱，也没有人知道究竟能获得多少收益。所以，投资“蓬莱号”的收益可能是无限大！

小镇上的人们很难理解“股份”的概念，更难接受轩辕启恒这种财富理念。收益看起来无限大，可是收益到底在哪里？如果船队触礁沉没，或者什么原因无法回到小镇，别说收益，连本都回不来，真是打了水漂。

“没有人能保证赚钱，如果想获得这份收益，便只能选择信任、只能面对这些风险。”面对未知，这是轩辕启恒唯一能给出的答案。

每个人都觉得轩辕、长孙太过于异想天开，如果不是行骗，就是去送死！每个人都这么说，每个人又都在想：轩辕启恒真的有海图吗？世界上真的有仙山吗？如果有，仙山上究竟有什么？万一，万中有一，两个人回来，会带来什么？就算没有仙丹，仙人怎样也会赐予他们一点东西吧，仙人啊，随便赏赐一点不就价值连城？

每次说起这些问题，轩辕和长孙都笑而不语，人们想从二人身上找到确定的答案，答案却像蓬莱一样更加模糊。

面对不可估量的财富，一定有人会忽视风险。何况股份制把分散风险变得可能，只要购买股份就能从探险者身上分一杯羹，如果探险者失败，普通股东付出的只是股份。轩辕启恒说得没错，只要有足够的收益，就一定能募集到足够的股份，哪怕是一份虚幻的收益，也终究会有人为了梦想付出。

轩辕启恒和长孙东阳的船队被命名为“蓬莱号”，“蓬莱号”载着小镇的梦想、小镇的希望乘风破浪而去。人们最后看到的，是轩辕和长孙望向大海尽头的眼神，坚定而平和、淡定而充满渴望——所有风险都知道，可就是想出去看一看。

专题 1-2：

市场永恒的动力：贪婪与恐惧

恐惧与贪婪，听起来这两个词都不是什么褒义词。凡事都得一分为二。实际上，贪婪与恐惧并不是一件坏事，因为有了贪婪，历史才会滚滚向前，人类才会做出更大的跳跃、更美的飞翔；因为有了恐惧，人类才不会跌入无尽的深渊，才不会在深渊面前继续无畏牺牲。

在我们的故事里，探险者轩辕启恒、长孙东阳有寻找蓬莱的梦想，投资人却不一定都有这种梦想，他们只看重收益。明知有很大风险，却不能拒绝贪婪的诱惑——蓬莱仙山带回来的东西一定价值连城。

请不要憎恨贪婪与恐惧，恐惧和贪婪是金融市场的永动机，波动的成因无一不是贪婪和恐惧。金融市场以贪婪而始、以恐惧而终，在繁荣与萧条中往复循环。金融市场的魅力恰恰就在于此，没有波动的市场又有什么意义呢？

无论何时何地，失败的人永远比胜利的人多出无数倍。很遗憾，失败才是人生的主基调。正因为失败是主基调，成功才显得格外迷人，姑且不论这个诱惑是什么，收益是否合理，在巨大的利益诱惑面前才有人前仆后继。千百万次试错中总会有人成功，人类便在这一次次看似偶然中走向必然。

时间不灭，市场不死。

市场不死，人类永恒。

资本的精神

“蓬莱号”远行的日子，小镇像是少了什么一样，人们会常常提起：他们走到哪里了？会有怎样的际遇？蓬莱仙山到底是怎样的光景？

日日柳色，月月微风。

小镇很快又恢复了原来的平静，人们提及“蓬莱号”、轩辕和长孙的次数越来越少，又回到了日复一日的生活中。

……

失去了最初的狂热，人们逐渐冷静下来，对来自仙山那些价值连城的宝物也就没那么渴望了。

……

一年过去了，极少有人再提起“蓬莱号”，仿佛这件事从来就不曾存在。金融市场从出生起就是这样的，投资者关注的是收益，尤其是现期收益，很少有投资者关注一年、几年、十几年以后的收益。如果不能立刻带来收益，金融的魅力将仅限于智者。

人们虽然不再想这些事情，海上却传来了“蓬莱号”的消息——坏消息。

据一艘远海渔船上的人说，他们听另一艘远海渔船提起，另一艘远海渔船又是听更遥远的远海渔船提到过“蓬莱号”……据说、据说、据说……经过无数次据说，人们得到的消息是“蓬莱号”很悲惨。

在出海的那年冬天，“蓬莱号”没有找到蓬莱仙山，却碰到了冰山群。在穿越冰原的过程中撞上了冰山。虽然船队没有最终沉没，但轩辕启恒、长孙东阳和“蓬莱号”被困在冰山群中。

小镇上的人们听到这个消息，表面上扼腕叹息，心里却各打各的算盘。

一部分为“蓬莱号”惋惜，这样失去生命是不是太可惜了？一部分人则为投资心痛，船上装的相当一部分货物是食品，即使他们能全身而退，估计这些货物也成了度荒食物了；还有一部分人觉得这件事很惬意，凭什么轩辕和长孙就有胆量出海远行，想发财，这下好了吧，就连想回到小镇上过普通人的日子都不可能啦！

不知过了多长时间，又有消息传来，还是据说、据说、据说……

据说，“蓬莱号”在冰山群中艰难地度过了八九个月，轩辕、长孙和他们的船员就在寒风肆虐的冰山群中等待春天。没有人预见到海上会有冰山，衣服、食物、燃料都不充分，人们不得不拆掉了“蓬莱号”的主甲板生火取暖，在冰原上冒着死亡的风险狩猎冰熊，这样才能获得兽皮和食物，寒冷的黑夜里人们只能抱团取暖……

结果显而易见，有的船员在如此严酷的环境中得病了，有人活了下来，也有人因为缺医少药而奄奄一息，永远消失在冰原之上……

碰到他们的远洋船只非常惊讶，他们给“蓬莱号”周济了一些食品，登船的时候却发现船舱里摆放着大量的谷物、药品、衣服……“蓬莱号”上的船员没有取用这些东西。货物里明明有救命的食物、衣物和药品，何必要冒着生命危险去狩猎，为什么宁可选择死亡也不肯动用船上的药品？

又是据说、据说、据说，“蓬莱号”的人问过轩辕启恒这个问题，轩辕启恒的回答斩钉截铁：尽余之能力与判断力所及，为投资者博取最高回报，绝不因任何原因损及任何财货本金及收益，请神祇赐我生命与事业无限光荣，天地诸神为证！船上的货物并不是我的，怎么能瞒着投资人私分货物？当谨守与投资者之诺言。

小镇的人们惊呆了，作为远行仪式的一部分，这是轩辕、长孙行前对投资人发过的誓词，可是，人们只是把这当作一种仪式，没有人当真。真的要牺牲生命去保护别人的财货吗？换句话说，牺牲了生命就能保住财货了吗？

不过，好消息终于传来。

不知过了多长时间，终于又有了据说、据说、据说，据说“蓬莱号”终于熬过了冰原上的严冬，冰消雪融的时节，“蓬莱号”终于再次扬帆起航，向着蓬莱继续远行。

轩辕启恒手中的海图真的能引导他们到达蓬莱吗？

专题 1–3：

资本的精神——信托责任

1596 年，荷兰人想开发穿越北冰洋的亚洲航路，船长巴伦支选择了错误的路线，结果九月初在穿越北极的时候被困在冰山中。船队在北极捱过长达九个月的冬季，伴随他们的是严寒、暴雪、饥饿和疾病。船上装满了货物，包括衣服、治病的药物，但是船员们宁可冻死、病死也不去动那些货物。直到第二年6月，幸存的人才被俄国商船救起。为了纪念故事中的这位巴伦支船长，后世用他的名字命名了北冰洋的一片海域。

这是一个真实的故事，为了不辜负投资人的信任，船队宁可牺牲生命也不动用食物、衣物、药品，无论有没有投资人的监督都要如此。

后来，这个故事被视为“信托责任”的体现。

信托责任不仅是金融市场的基础，也是整个经济运行的基石。

通俗地讲可以把“信托责任”表述为“受人之托，忠人之事”，英文则更直白，就是Trust。英国信托法学者Philip H. Pettit在《衡平法与信托法》中这样表述“信托”的概念：信托是一项衡平法上的义务，约束一个人（受托人）为了一些人的利益（受益人，也可能是委托人本身）管理、处理他所控制的财产。

投资者在投资的时候只能选择信任，信托人必须要值得投资者信赖，不能在任何情况下损及投资者利益，哪怕牺牲生命也在所不惜。否则，可以设想一下，完全没有信托责任的人类社会会变成一个霍布斯丛林，充满了欺诈和丑恶，无法创造财富，只有最强大、最凶狠、最坏的人才能享受到财富。

现代企业制度起源于信托责任，股东把企业财产委托给公司管理者，公司管理者要尽最大可能为股东赚取回报，而不是将企业财产据为己有。正如盛传的一个笑话，一个保姆来收拾价值1000万元的房子，不但在房间里肆意享受，还随便编造一个理由定价1000元把房子卖给了自己。

跨海贸易能赚得巨额收益，大海美丽却远非多情，在缺乏现代航海技术的16世纪，很多远洋航船沉没在风暴肆虐的大海上。为了分担风险，人们想到的方法就是通过股份聚集大量资本。因为有信托责任，投资者才能安心，荷兰东印度公司、英国东印度公司、南海公司、法国密西西比公司都是这个时候的产物，也都是信托责任的产物。

为什么远行的航船没有把财产据为己有？凭什么相信远航者能秉承信托责任？关于这个问题有很多种解释。

比如韦伯所著的《新教伦理与资本主义精神》，按照其解释只有新教徒才能秉承信托精神。简单说就是“人在做，天在看”，新教教义不允许教徒巧取豪夺，上帝只会宽恕通过个人努力取得成功的人。

韦伯的解释更多是为自己的民族涂脂抹粉，脱离了经济学基本常识。市场中无非“得失”二字，利益面前人性也可能靠不住，否则西方经济学就不会提出“理性人”的假设。暂时没有背叛不等于永远不会背叛，所以没有背叛是因为背叛的筹码还不够大。想一想，经济学中可有“道德”这样的基础变量？想一想，如果经济学中有“道德”司法部门岂不要完全失业？

让不当得益者损失更大的利益，这才是让受托人秉承信托责任最有效的办法，严刑峻法则是最佳途径。大航海时代，能出资支持航海家的人集中于西欧各国王室，一旦航海家侵蚀王室利益，就算能返回欧洲大陆，不但在圈子里再也无法融资，在欧洲诸国也无法生存。要知道欧洲王室沾亲带故，其实就是一家人，抢劫国王的财富还想回家岂不是痴人说梦？

当代美国是资本市场最为发达的国家之一，也是监管最为严厉的国家之一。美国的注册制看似能让一家企业轻易上市，也能轻易让一家企业万劫不复。美国证监会（SEC）的权力弗远无界，有权提起诉讼，可以独立发出传票，联邦法院不得驳回或者推翻SEC的裁决。更离谱的是，在这里没有所谓“谁主张、谁举证”的说法，SEC要求被诉讼方举证，即，被诉讼方必须证明自己清白，如果没有足够的证据将被判有罪。一向崇尚分权的美国社会为什么会设计出如此严厉的集权监管制度，究其根本，还是为了惩罚市场投机者。

蓬莱再传说

蓬莱，烟柳画桥，风帘翠幕。

不知从什么时候起“蓬莱号”再次成了小镇上所有人的话题，人们的耳边又有了“蓬莱号”的传说。

据说、据说、据说……

轩辕启恒和长孙东阳守护资本的精神感动了天地，上天从冰原上破开一条道路让“蓬莱号”找到了蓬莱。

蓬莱！何止烟柳画桥，风帘翠幕。

远远看起来蓬莱很巍峨，走进之后这里又让人无法形容，人们不知道如何进入，也无法描述自己看到了什么，即使直面仙山也只能想到海市蜃楼，每个人在这里见到的都不一样：有人进入了一片连绵的山脉，金顶云雾、孤雁独去；有人见到一片浩渺烟波，阆苑仙葩、月沉藏天；有人所在之地居然是一片茫茫大漠，长烟落日、风尘日昏……

不记得有人曾与蓬莱岛上的人有只言片语，人们只能静静品味，所有人又像是被点化一般，心中所想玄而又玄。每一个人所见都有所不同，只有一点是相同的，大家刚进入的时候都若隐若现看到过两个古篆字，只是没有人知道这两个古篆字是什么。

没有人知道自己经历了什么，当“蓬莱号”离开的时候已经焕然一新，船上载满了从仙山拉回来的货物——更没有人知道这些稀世珍宝究竟值多少钱。一旦“蓬莱号”返航，小镇的人们看到来自蓬莱仙山的宝物，也许是长生不老的仙丹，也许是黑夜中永远耀眼的明珠，也许是传说中的聚宝盆……

据说、据说、据说……每一个人都意识到了机会：从此，小镇上的财富将取之不尽，用之不竭！按照原来的约定，只有投资“蓬莱号”股份的人才能够得到这些宝物，其他人恐怕只有眼热的份了。

当初一笔小小的投资，如今能带来多少财富，又能赚到多少钱[1]？每一个人都知道，哪怕只有一股，这份收益也足以令人眼花缭乱！

有了财富固然是好的，问题的关键在于：我能得到吗？

专题 1–4：

富人、信用与货币

在这里，我们第一次在小镇上使用“钱”的概念，也就是货币。

货币是金融的基础，有交换才会有货币。那么，什么才能成为货币呢？众所周知，货币是交换的媒介，说到底是一种信誉。

谁最有信誉？

谁拥有更多财富，谁就更值得信任。物物交换时代人类交换的机会

1　小镇上的常用货币单位是“贝”，1贝代表1石米，即100斤大米。在真实的历史上，直到唐朝人们仍旧使用“石米”，唐太宗贞观年间官员的俸禄即以“石米”来表示。

很少，但凡交换一般都是大宗货物，多发生在贵族中间，玉石、青铜、黄金、白银、贝壳这些贵族常用的饰品成为第一代货币也就不足为奇了。既然贝壳这些东西为贵族接受，一定也可为其他人接受，也就成为交换的媒介。

日籍学者加藤森曾有考证，中国的第一代货币是贝壳，但不是通常意义上的陆地贝壳，是来自马尔代夫一带的海贝，既是贵族饰品也是大宗交易的交换媒介。《殷墟书契后编》中记载“易(赐)多母有贝朋”“取有贝”“光取贝二朋在正月”等，西汉桓宽所著《盐铁论·错币》中也有这样记载:“夏后以玄贝，周人以紫石，后世或金钱刀布。”这种情况一直持续到秦，所以秦初才有“珠玉龟贝银锡之属为器饰，不为币”[1]的说法。

谁不想拥有更美好的人生呢?

除轩辕、长孙之外，小镇上以西门婴隆为首的西门姓氏、以东门嘉运为首的东门姓氏投资最多，大多一半股份在他们手里。

城门本是最初会盟、祭祀之地，日常人流最为兴盛，也就成为市聚之地，中午之后就会散去。所谓“午时三刻”是市场人气最旺的时候，所以古代斩刑大多会选在这个时候，以冲淡肃杀之感。东门、西门这些姓氏原本就是生活在这里的人们，久而久之就以东门、西门作为了姓氏。小镇上的商人以东门、西门姓氏为主，日日耳濡目染，这些市场上原生的商人最能把握财富的脉搏，也抓住了“蓬莱号”的机会。

有人踌躇满志期待明天，就一定有人为当初没有投资而懊悔。为什么当时就没有这个胆量和决心呢?上官家族的上官煦炎就是其中最懊悔

1 《史记·平准书》，中华书局，1959年点校本版。

的一个。

在一次酒席上，上官煦炎原本只是对西门婴隆抱怨，那天西门婴隆多饮了几杯，很仗义地拍着上官说："我敬你是一个饱学之士，没有问题，我买到的股份多，可以让给你一股，让你也见识见识蓬莱的东西！"

上官煦炎立刻露出了一脸精明相，看着醉醺醺的西门婴隆，酒意全无："真的吗？'蓬莱号'毕竟还没回来，到底运回什么谁也不知道啊。把股份卖给我，你给我的只是股份，我给你的可是实实在在的真金白银啊。"

面对假装不在意的上官煦炎，西门婴隆仍旧醉意冲天，喃喃地道："'蓬莱号'去的是仙山，任何一样宝物说价值连城都小看了。卖给你股份，看的是交情，你能给我什么呢？无非几个贝壳而已。"

西门婴隆的眼睛已经眯成了一条缝，马上就要睡着了一般。上官煦炎握紧了拳头，突然拍了下桌子："好吧，你说，我出多少贝壳换你手上的股份？"

西门婴隆的眼睛眯得更细了，声音却稳定而清晰："交情咱们是有的，可总不能平白无故送你一场富贵吧，这样吧，一股二十'贝'，我可以给你两股！"

二十"贝"！

当初入股"蓬莱号"的时候一股只有一"贝"，怎么能涨价二十倍？

西门微合的双目聚焦到上官的脸上，上官煦炎似乎感到了某种压力，西门婴隆却说："交易嘛都是自愿的，天下间的便宜哪有那么好拿的？"

小镇沸腾了，有了西门婴隆和上官煦炎的这次交易，人们突然意识到"蓬莱号"的股份是可以买卖的，原来每一个人都有获得财富的机会！

小镇的西门有一个茶馆，西门婴隆、东门嘉运等人就在这里承揽"蓬莱号"股票交易。从此，这些人自称"经纪人"，茶馆也被称为"股票交易所"。

专题 1-5：

证券交易的演变

大航海时代，随着航海股份的不断出现，人们需要一个把股票变现的途径和场所。这个世界上只要有需求，就一定会有人做这种生意，有人在咖啡馆里专门为人撮合，后来这里就成为专门的证券交易场所，即证券交易所。

每一个交易所都伴随着一段传奇：1609 年荷兰阿姆斯特丹证券交易所成立，在这里，人类经历了有史以来第一场被全民记住的金融泡沫——郁金香泡沫；1724 年法国建立巴黎证券交易所，密西西比泡沫的惨痛教训让人至今记忆犹新；1773 年英国建立伦敦证券交易所，南海公司泡沫中人类流露出的贪婪让人不寒而栗……

当今最著名的证券交易所当属美国纽约证券交易所，1792 年 5 月 17 日，24 位经纪人在华尔街 68 号院一棵大梧桐树下达成一项简要的协定。这 24 位经纪人中臭名昭著的不在少数，操纵市场、内幕交易、散布虚假信息。但是，就是这个简短的《梧桐树协定》，建立了证券交易所基本框架，1812 年在此基础上成立了纽约证券交易所。

在我们的故事里，您将很快看到小镇上兴起的蓬莱泡沫。看起来我们的故事可能有些夸张，其实真实的泡沫远比故事疯狂。

至于证券交易方式，最初人们向经纪人报价、询价，由经纪人撮合交易；有的经纪人自己参与买卖股票。这两种方式便发展为今天的指令驱动交易和做市商交易，中国股票交易系统属于指令驱动交易，即撮合买卖者交易；美国股票市场属于做市商交易，没有买卖的时候交易商要自己创造交易。简单说，指令驱动就是买卖双方直接交易，交易系统只撮合配比成功的买卖方；做市商交易中买卖双方都与做市商交易，做市商要同时给出买卖价格，并保证市场连续性和流动性。

远古时代的证券交易，买卖双方、经纪人聚集在交易所内用各种手势表示报价，只要报出价格并成交就不能反悔。电气化革命之后，电话、电报被引入证券交易，人们可以在全国乃至全世界范围内交易股票。分散在世界各大城市证券交易所是电话电报消息的集散地，经纪人打电话或电报给交易所席位经纪人（俗称“红马甲”），再由各家“红马甲”在场内撮合，一般情况下交易大厅中间是一块盆地，被称为“PIT”，也就是“场内交易”，“红马甲”们就在“PIT”里交易，主要靠各种传统手势。从远古到电气化时代，成交价从写在黑板上到电子屏显示，但证券交易故事的内核从来没有变过。

茶馆酒肆原本就是小镇的消息发布中心，如今，人们在这里听到了越来越多关于“蓬莱号”的传说。

——蓬莱岛已经授予“蓬莱号”特许经营权。蓬莱岛开放与外界贸易，只有轩辕启恒、长孙东阳的“蓬莱号”可以来往于仙山和尘世之间。仔细一想也确实只能如此，即使蓬莱岛没有立下这条规矩，其他人没有海图，如何进入蓬莱？也就是说，轩辕启恒、长孙东阳已经成为蓬莱与尘世的唯一连接通道，他们拥有蓬莱货物的定价权，其他人只能接受。

——“蓬莱号”不仅到了蓬莱仙山，之所以这么长时间未归，是因为“蓬莱号”得到指点去了一个新大陆，也就是大海的尽头。据说那是大海的彼岸，是一片富庶的大陆，有着人们闻所未闻、见所未见的世界，小镇上稀缺的贝壳、青铜、黄金、白银在新大陆上仰俯皆是，随便用一块布就可以换到一大块黄金。

——“蓬莱号”已经扩大成一支庞大的船队，用满载的货物在新大陆又换到了几只大船，整个船队装满了来自蓬莱的宝物和来自新世界的黄金白银、玉石珠宝……充满财富的未来在向人们招手！

财富轮回

本来宁静的茶坊里从早到晚都充斥着嘈杂的声音，每天都有“蓬莱号”新的传闻，人们双眼赤红地在跟经纪人争辩价格。在这里，甚至不用仔细观察就能见到每个人脸上那张扬的笑容，已经张扬到了扭曲的程度，快乐无边。在小镇上走半个时辰，能看尽百种兴奋，怎么样的方式都有：时不时地就有人点燃一串爆竹，时不时地就有人在大街上兴高采烈地手舞足蹈，也不知这些人是从哪儿冒出来的。

人们兴奋于股票的价格，西门婴隆却兴奋于人们的兴奋。第一笔交易暴涨二十倍之后，如今“蓬莱号”一股已经可以卖到一百贝，也就是说西门婴隆手中的财富已经翻了百倍。

现在，西门婴隆就在茶坊的后院，东门嘉运坐在他的对面，这里完全没有被茶坊的嘈杂打扰，像是一个幽静的世外桃源。很遗憾，小镇上的人们并不知道，茶坊里股票交易的价格最初就是在这个桌子上决定的。

东门嘉运看起来没有西门婴隆那么淡定，“‘蓬莱号’现在到底怎样了，我们在茶坊中散布了这么多消息，一旦‘蓬莱号’空手而归，这些拿着股票的人还不得撕了我们？”

西门婴隆吹了吹盖碗里的茶叶：“撕了我们，凭什么？我们强迫卖给他们股票了吗？都是他们自愿买的，还是来求着我们。”

“可是……”

“没有可是。散布这些消息的人没有八千也有一万，凭什么找到我们头上？难道我们不盼着轩辕和长孙平安归来，给我们带来无尽财富吗？莫非你以为股票的价格是我们炒起来的？你太高估我们了，是他们自己的贪婪炒作了股价，不是我们！即便那些消息最初是我们放出去的，选择相信的也是他们自己。贪婪让他们相信这么离谱的事情，不是我们！我们也没有本事让他们相信！”

东门嘉运悠悠地叹了一口气：“西门兄妙计赚天下，‘蓬莱号’没有回来，我们不一样赚到了很多钱？现在股价已经到了 200 贝，咱们赚了 200 倍，手中剩下的股票还继续‘对敲’[1]吗？趁着市场火热很容易出手，等到有人醒过来可就难了。”

东门嘉运的眼睛直勾勾地盯着西门婴隆，缓慢地说：“拉高股价很容易，只要不停‘对敲’就行，套现就没那么容易了，再蠢的人也不会在高位接盘，甘心当大傻瓜。但这是平时的情况，市场一旦进入癫狂就完全不一样了，癫狂的市场中清醒者才是错误的。在整个癫狂中只有最后的高点才是错误，之前全部正确。不错，蓬莱是一个传说，无法证实，可谁也无法证伪。轩辕和长孙想把传说变为现实，如果他们真到达了蓬莱呢？市场最重要的永远是当下，没有人可以对抗市场情绪。只要画饼还在，市场就会惯性向上，就算你现在出去告诉他们这一切是假的，看看外面的人会不会相信？他们会说你是勇士，还是会说你包藏祸心，要打压股价？”

---

1 庄家联手坐庄，用不同的账户自己买入卖出，不停抬高价格或者压低价格，行话称为“对敲”。

西门婴隆看着东门嘉运，目光已经锐利到不能对视：“狂躁本身就应该受到惩罚，我们只是替天行道，贪婪的人必须为贪婪埋单！所以，我们是对的！”

无论什么职业、无论生活在哪里，如今小镇上的人们言必谈“蓬莱号”股票，甚至不知道“蓬莱号”的人也加入了这场大讨论，在交头接耳的时候、在菜市场闲聊的时候、在家里夜谈的时候……

西门婴隆和东门嘉运早就成了小镇的中心，仿佛具备魔力一般，他们出现在哪里，人群就涌向哪里，浑然不知在靠近风暴眼。这个巨大的旋涡早已把全镇的人、全镇的财富卷入其中，一场风暴已在所难免！

一夜暴富，这么无稽的事情原本没几个人会相信，多数人也并非不知道财富创造之艰难。可是，早晨在茶馆买到“蓬莱号”的股票，晚上就已经翻倍甚至更多。当身边的人一个又一个暴富，活生生地站在面前耀武扬威，有什么比这个更加震撼、更加让人丧失理智的呢？

你能，我就不能吗？

股价上涨一次次巩固着人们心中的信念，单边市场以最大的诱惑泯灭人性中与生俱来的恐惧，剩余的就只有贪婪！

最后，就连“蓬莱号”也被抛到脑后！“蓬莱号”、轩辕启恒、长孙东阳这些事、这些人早就被忘得一干二净，甚至连仙丹都不再讨论。

有了现世财富，管它“蓬莱号”干什么？

平白无故有了无尽的财富，创造也就失去了意义，谁能抵挡得住这种诱惑？用最大的诱惑，引诱出人性深处最大的丑陋，这就是疯狂！

——为了买到股票，人们使出了前所未有的招式：有人直接冲向了西门婴隆的马车，拼着被撞死也要截停这辆车，代价是允许他们以市场价买一股“蓬莱号”股票。

——西门茶馆门口有一个纸笔摊，每天这个纸笔摊都要拉来几十车纸，然后要写秃数百支毛笔。如今纸笔摊一天就能赚到原来半年的利润。

——茶馆有一个驼背老人，原本只是一个伙计，因为茶馆里的桌子不够用，驼背老人把后背作为书桌供人使用，为此驼背老人居然也狠狠赚了一笔。

最过分的也是最让人无法忍受的，有人自觉无望买到"蓬莱号"股票了，干脆就另起炉灶，跟"蓬莱号"一样照猫画虎发行股票。你有股票我就没有吗？既然买不到"蓬莱号"股票，干脆就自己发行！

——有人另行组织了"蓬莱 2 号"船队，宣布即将远行蓬莱。"蓬莱 2 号"甚至给出了将来从蓬莱运回货物的清单，长生仙丹赫然在列。

——有人开始修建船厂，船只根据小镇和蓬莱之间的航道量身打造，而图纸则是轩辕启恒临行前特意设计。

——有人说仙山中有一个宝物可以逆转命运，自己早在行前就已经得到轩辕启恒授权。现在可以把投资宝物的成本拆分成股份，只要购买股份就能获得将来宝物带来的收益，简称"命运股份"。

——有人推出了一种神秘的股票，自名"承揽巨大好处，却没人知道是什么好处的股份"，简称"好处股份"。因为这种好处很神秘，所以不能事先公开，认购股票到时候水到渠成，自然能获得巨大收益。

对这些所谓"股份"西门婴隆嗤之以鼻，他的根基是"蓬莱号"和"蓬莱号"的传说，这些一定是有故事可讲的。"蓬莱 2 号"算什么？还没有走出小镇就发行股票，造船厂周期更长更不可能，至于"命运股份""好处股份"就更是无厘头，这种股份怎么可能流通？

让西门婴隆意想不到的事情发生了，所有的股份都开始被交易，只要有人发行股票就有人来投资，仿佛股票是点石成金的魔法棒。更奇怪的是，只要买到这些股票也可以赚钱，不要说“蓬莱2号”和造船厂，就连“命运股份”“好处股份”都开始节节上涨。当西门婴隆禁止经纪人在茶坊中交易这些股票时，人们就聚集到茶坊门口，在哪里买卖有区别吗?

这怎么可以?

专题1–6:

南海危机和密西西比泡沫

或许有人感觉小镇的故事太疯狂了：无论怎样优秀的股票，怎么会有几百倍涨幅？根据传说杜撰出“蓬莱号”故事也就罢了，怎么会有“好处股份”这样不靠谱的事情，莫非投资者的眼睛是瞎的？

很遗憾地告诉大家，这些都是历史上真实发生过的事情。在17世纪初期英国南海危机和法国密西西比危机中，南海公司、密西西比公司的股价最高的上升幅度都达到了300倍以上，将人间丑剧演绎殆尽。

冲马车“碰瓷”的贵妇人、靠卖纸笔发财的摊主、为人在交易所门口跑腿的驼子，都是法国“密西西比泡沫”的笑话，充分诠释了泡沫的疯狂。“命运股份”“好处股份”则真实地出现在英国“南海危机”中，比如“好处股份”原型是“经营和承揽巨大好处，但没人知道它是什么类型的公司”，史卷中被称为“好处公司”。

金融泡沫缘起大航海，所谓“南海公司”“密西西比公司”都是以国家名义授予美洲大陆贸易经营特许权的垄断型公司，类似于东印度公司。市场上充满了千奇百怪的传说，据说用小刀、镜子这种东西就能从美洲土著手中换来黄金，美洲大陆有无尽的橡胶等资源，所有人对这些传说坚信不疑。人们不允许怀疑这些传说的真实性，怀疑就是犯罪，是对所有持股人的犯罪，是对帝国明天的犯罪，美好的明天怎么可能是假的，怎么能去怀疑？

金融市场从来都是如此：泡沫有多癫狂，灾难就有多深重，最终南海泡沫和密西西比泡沫让帝国数十年来积累的财富在瞬间灰飞烟灭。所不同的是英法两国对泡沫采取了两种完全不同的方式，也就有了两种完全不同的国运。

在小镇的金融故事里泡沫会反复出现，您会发现每一次泡沫都有着完全一样的逻辑：以贪婪而始，又以恐惧而终。

跳出历史看历史，泡沫很容易就能判断；遗憾的是，人类一旦身在其中必不自知。金德尔伯格说过，金融泡沫就像美女一样，事前你不知道如何界定它，然而一旦你遇见过，就肯定能认出来。

或许，人类将永远无法摆脱这种魅惑。

你们是骗子！

我可是有理想的人，“蓬莱号”股票的的确确是炒作，可是，“蓬莱号”真实存在过，已经出海两年了，谁知道是不是很快就返航呢？

这些皮包公司算什么，也想来茶坊交易，也想通过股票赚钱？愤怒的西门婴隆每天在茶坊门口见到嘈杂的人群，不仅愤怒而且疑惑：人们会因为蓬莱传说而癫狂，因何对子虚乌有的股份也会癫狂？

怎么能与这些骗子为伍？

专题 1–7：

店头交易与纳斯达克市场

交易所内的正规交易一般被称为“场内交易”，在我们的故事里，就是西门茶坊中买卖的“蓬莱号”。无法进入交易所的股票被称为“店头交易”（over the counter,OTC）或者“场外交易”，“店头”原本是说商店中顾客挑选商品的空间，证券市场中指抛开交易所的交易。

没有上市的股票怎么买卖，在市场的自然演进中人们会选择在人流量较大的地方买卖，跟一般商品没什么区别。一般情况下是在大商店门口或者是桥头，久而久之这里也就成为场外市场的雏形。20 世纪 90 年代上交所、深交所成立后，“店头交易”曾在中国经红极一时，原始股一般都是通过店头完成交易。

“店头交易”逐步正规化，成为金融市场的重要组成部分，全球著名的纳斯达克市场（NASDAQ）就属于“店头交易”，国内各地层出不穷的产权交易所也属于店头交易。

西门婴隆和东门嘉运决定拿出魄力反击这些骗子，他们开始在茶坊门口不断提醒来买卖股票的人，甚至在茶坊门口最显眼的位置上贴出告示：茶坊无法禁止这些人行骗，也无法禁止他们来茶坊交易，但是，我们一定要提醒诸位擦亮眼睛，“蓬莱 2 号”和造船厂连一艘船都没有，怎么就能到达蓬莱？至于“命运股份”“好处股份”就更是离谱，不知道命运是什么，不知道是什么好处，怎么可能让投资者得到好处？

茶坊贴出的告示原本就是最普通的常识，正常人应该一眼就看穿。问题的关键在于，“蓬莱号”股票带来的财富实在太诱人了，可“蓬莱号”股票不是每一个人都能买到。买不到怎么办，难道就眼睁睁看着自己手中的财富贬值?

溺水的人急切渴望呼吸，还管水面上飘的是什么，抓住再说，万一能救命呢?

既然买不到“蓬莱号”股票，也就只能买一些其他股票望梅止渴。

西门婴隆当然懂得这个道理，西门婴隆更知道，泡沫是一个资金输入游戏，一旦停止资金输入泡沫就会破裂，如果钱都被这些皮包公司骗去了，谁来接盘“蓬莱号”的股票?更可怕的是，这些无良的所谓“股东”就是彻头彻尾的骗子，“蓬莱号”股票出货有着完整的计划，这些人涸泽而渔、焚林而猎，不顾及市场容量，最终只能飞快地走向灭亡。

是到站出来说话的时候了!

西门婴隆对自己和茶坊在小镇上的地位非常有信心，果然，茶坊门口的告示犹如重磅炸弹，掀起了滔天巨浪。

狂热的人们开始冷静下来，“好处股份”究竟是什么好处?恐怕连画饼都算不上吧，就凭“好处”二字我们就拿出真金白银，这不太可笑了吗?所谓“蓬莱 2 号”只是一个构想，茶坊的告示说它是皮包公司，一点错的没有。谁知道“蓬莱 2 号”什么时候造好?什么时候出海?又会有些什么经历?

随着茶坊告示的出现，“蓬莱 2 号”的股份价格一落千丈，继而无人问津，被人誉为“垃圾股”。“好处股份”筹办人突然不知所踪，连“垃圾”都称不上，被茶坊扫地出门，遗憾的是投资者血本无归。

为什么有人会相信虚妄?什么是虚妄?

就在西门婴隆毫不犹豫地清洗骗子的时候，有人开始反思：如果“蓬莱 2 号”和“好处股份”是骗子，“蓬莱号”又是什么?

“蓬莱 2 号”是骗子，“蓬莱号”就不是了吗?

原本西门婴隆用1贝的价格就入股了“蓬莱号”，如今却要几百贝？一棹三万里，何修入幽深，万里之外的事情谁知道真假，要怎样的修为才能进入这样幽深的去处？是一时糊涂还是被贪婪蒙蔽了眼睛？

贪婪一旦被恐惧惊醒，就会走向完全的反面。

不知从哪一天起，突然有人开始在茶坊抛出“蓬莱号”股票，开始还是现价，几天内价格就飞流直下三千尺，很快从300贝下跌到60贝，每一个在茶坊的人都惊呼：“蓬莱号”怎么了？

“蓬莱号”至今音信杳无的消息开始不胫而走，茶坊中每一个人都听到了一个消息：春天的时候“蓬莱号”确实离开了冰原，可是此后一去不复返，没有远洋的渔船再见过“蓬莱号”，所谓进入蓬莱仙岛完全是子虚乌有。

人们不愿意相信这个消息，时时刻刻盼着茶坊中能传出新的消息。很遗憾，消息越来越令人震惊，有远洋渔船说“蓬莱号”离开冰原后的航道从来没有人走过，甚至不可能再回到小镇！

小镇的街道上再也没有莫名狂欢的人，原本是雨过天晴的天气，天空中的太阳却像是蒙了一层雾气看不清晰，让人感觉整个世界看起来那么模糊不清。“蓬莱号”股价原本还在40—60贝之间徘徊，却突然有人爆出了30的卖价，很快就有人报20、10、1……终于跌破了1贝！

东门嘉运对着西门婴隆咆哮：“难道就一点办法没有，任由“蓬莱号”股价跌下去，别忘了我们手中还有三分之一的股票没有抛出！”

西门婴隆的眼睛布满了血丝，嗓音却稳定而流畅，他轻蔑地看着东门嘉运：“市场不是我们炒起来的，我们只是在油上点了一把火，至于烧成什么样子根本控制不住。暴涨时如此，暴跌时也一样，抛出三分之二的股份已经很幸运，想全须全尾吃鱼的人，一定会吃下鱼刺！现在的情况想救市场，除非是神仙降临！”

专题 1-8:

老鼠变成猫：金融监管的诞生与成长

在小镇的故事里茶坊是交易所的雏形，是金融泡沫的制造者，也将成为第一代金融监管者。

很遗憾，只有泡沫制造者才是真正的泡沫终结者。

包括阿姆斯特丹交易所在内，人类第一代证券交易所充满了欺诈，都曾为金融泡沫推波助澜，又成为泡沫之后的救亡者。交易所最初监管职能可以追溯到英国乔纳森咖啡馆，1762 年在乔纳森咖啡馆的 150 名交易员签订自律协议，后来纽约证券交易所、伦敦证券交易所都采用了这种方式对市场进行管理。

至于交易所成为监管方的理由就跟小镇的故事里一样，金融大鳄认为小鱼小虾会把水搅浑，妨碍自己赚钱。

金融监管的历史在某种程度上是一个老鼠变猫的过程，世界上第一家中央银行是英格兰银行，可是，英格兰银行最初也仅仅是一家地地道道的商业银行，经过血腥的拼杀，一批乡村银行、土地银行、南海公司，甚至大名鼎鼎的东印度公司都成了它的手下败将，这才最终成为中央银行。

在金融市场，只有真正的“贼”才知道“贼”想干什么。金融王者美联储，在其历史上真正有分量的监管规则，往往都是金融大鳄转型成为美联储主席后才出现的。否则，单纯靠金融监管自我繁衍，很难窥破玄机，闭门造车弄出来的东西既不能有效监管，也不能规范金融创新，最大的作用只有行政机构自我扩张。大家可以看一看美国金融监管成长的历史，最初只有一家实质上听命于财政部的美联储（FRB），到后来真是五花八门、千奇百怪：在不足百年间出现了联邦存款保险公司（FDIC）、货币监理署（OCC）、各州金融监管局、证监会（SEC）、全美券商协会（FINRA）……就连财政部、司法部也都觉得自己对金融监管负有不可推卸的责任了。

第2章

财富从哪里来

为什么要拯救恶人

原来“蓬莱号”是一场骗局！

数日之间，“蓬莱号”股价从 300 贝已经跌破了 1 贝。小镇的财富就像是凭空消失了，每个人突然面临窘境，大家都在问：为什么一夜之间变得一贫如洗？钱到底去哪里了？究竟是谁洗劫了财富？

专题 2–1：

股灾中钱去哪里了

股市涨跌的结果只能是正和博弈或者负和博弈，二选其一。

换句话说，这是一个一荣俱荣、一损俱损的地方，要么一起发财，要么一起亏光，没有人能独善其身。正如牛市钱就像从天上掉下来一样，股灾的时候也会凭空蒸发，从哪里来到哪里去。

市场暴涨，世间真实财富并没有增加，增加的是名义上的货币总量。原本股价上涨的经济学本质是看好上市公司前景，期望上市公司创造同样倍数的盈利，便会出现相对应的财富。在某种程度上，金融市场从诞生第一天起就是讲故事的地方，故事可以让股价瞬间翻倍，创造财富则需要漫长的时间。

市场暴跌，世间真实财富也没有减少，减少的只是名义上的货币总量。尽管不会损失实物形态财富，却让持股者货币占有量成级数下跌。于是，每一个人都觉得自己变穷了。更糟糕的是，对职业炒家来说，一旦股价暴跌必定会翻倍报出空盘，唯有这样才能挽回损失，古代如此，2015 年中国 A 股市场非理性暴跌也是如此。结果很显然，必然是更惨烈的暴跌，整个市场变现能力成级数下降，直至影响整个市场流动性，造成经济危机。请一定记住，市场从来不是印钞机。

今人很少意识到，股票是发行货币的一种手段，南海泡沫和密西西比泡沫中股票就是英法王室发行货币的锚定。正因为这一点，注定南海泡沫和密西西比泡沫灾难性的后果，天下没有只涨不跌的市场，只要市场下跌就会导致货币发行量缩水。对经济运行来说，股市损失无论多惨烈也算不得什么，关键是股价下跌将导致某个信用链条断裂，接下来就是一系列的连锁反应，推倒多米诺骨牌，股灾就会演变为经济危机。

茶坊照样还是小镇上的风暴眼，人们眼中闪烁着疯狂的目光——从渴望财富的疯狂变为了仇恨的愤怒。人们砸烂了茶坊的一切，仿佛只有这样才能得到些许发泄。面对气势汹汹的来人，西门婴隆和东门嘉运不知被暴打了多少次，终于有一天，这两个人灵光一现：“蓬莱号”始作俑者是轩辕启恒，轩辕启恒是回不来了，但轩辕家族还在。

轩辕家族可是小镇上的望族，为何不让大家去轩辕家讨说法？不需要鼓动，人们已经打起了轩辕家族的主意——疯狂中没有对错，只有好恶。

轩辕族长名叫轩辕抱朴，是小镇上受人尊敬的长者，开始人们在这位长者面前只是埋怨，后来居然有人要求轩辕家族包赔损失：轩辕启恒既然是轩辕家族的人，轩辕家族就应该包赔损失！

股票确实是“蓬莱号”的股票，但原始发行股票跟“蓬莱号”没有任何关系，跟轩辕家族就更没有任何关系。甚至轩辕启恒没有参与股票泡沫——泡沫巅峰的时候轩辕启恒还在海上，不知道小镇已经如此疯狂。

这层道理所有人都知道，可是，所有人又都聚集在这里。溺水之人哪怕抓住一根稻草也要试试，既然毁灭，世界就应该一起毁灭。

轩辕家族一致性观点认为：即使轩辕启恒创造了“蓬莱号”，可他没创造股票买卖，此事与家族无关。必须把这些人拒之门外——赚钱的时候谁想给轩辕家族分一杯羹？

这种答复当然令人不满，人们试图冲过轩辕族长的大门，潮水般冲过去，又被轩辕族人挡回来。喧嚣中充满了放肆与堕落，人们簇拥着、号叫着、挣扎着，却迈不过那原本低矮的门槛，只能冲上去，被推回来，接着再扑上去……这个时候，甚至没有人提出索赔目标，只是愤怒地发泄，遇见谁就想伤害谁。

门缓慢地开了，轩辕族长走了出来。开门的声音非常轻，随着这轻轻的声音，人群却突然停止了骚动，所有的目光都停留在轩辕族长的脸上，没有人想到轩辕族长会出来，就连门口守卫的轩辕族人也没想到。

面对喧嚣，轩辕族长的脸色非常平静，读懂的人才知道，那种味道叫沧桑。是的，就是沧桑，世间很多事情本就不能快意恩仇。

轩辕族长的决定让所有人震惊：他坚信不疑，“蓬莱号”和轩辕启恒一定会回来，所以，他会以最高价的一半收购所有“蓬莱号”股票！“蓬莱号”一旦归来，卖出股票的人还可以市场价一半赎回！更重要的是，即使对泡沫始作俑者西门婴隆、东门嘉运以及两族炒作股票的人，轩辕族长也一视同仁。

有人说轩辕族长是圣人，有人背地里笑轩辕族长是傻子，无论是谁，大家都想不明白：为何要救西门婴隆、东门嘉运，他们是泡沫的始作俑者，是灾难的制造者，值得救吗？每当有人提起这个问题，老人通常会反问一句：如果不救东门、西门二人和他们的家族，小镇会发生什么？

是啊，小镇会发生什么？

自然是正义得到伸张，恶人得到应有的惩罚，他们令小镇陷入浩劫，凭什么逃脱惩罚？

“惩罚？”轩辕老人的眼睛像是看穿了远方，“这两个人反复对敲股票，不断卖出、买回，制造了泡沫又让小镇陷于万劫不复。”

“既然您知道他们是庄家，为何还要救他？”人们更加不解。

“正因为他们是最大庄家，所以最不能倒下的反而是他们。他们不知借了多少钱才能把市场炒作成这样，两人倒下事小，所有借钱给他们的人就要血本无归，这些人又欠了多少钱？债务链条不停断裂，这才是一场真正能把所有人卷进去的风暴，如果所有人陷入债务，小镇会发生什么，不用多解释吧？覆巢之下，安有完卵？”

“那么，他们犯了这么大的错误，难道就不应该被惩罚吗？”所有人对西门、东门二人恨之入骨，正是这两人毁掉了人们手中的财富。

“惩罚的目的是伸张正义，如果惩罚会毁掉更多财富，让人们承受更多苦难，惩罚又有多大意义？把他们彻底击垮，甚至在小镇扫地出门，固然快意恩仇，相比之下，让他们永远活着、活着且背负着债务，这才是真正的惩罚。”

轩辕老人悲悯的声音让急红眼的人们清醒了许多，人们马上就想到了另一个问题：“您还指望西门、东门两人还钱吗？他们欠下的债务三生三世也难以还清啊！”

“‘蓬莱号’归来之日，这点债务又能算得了什么？启恒和东阳可牺牲生命也不动用船上的财货，托付给这样的人，有什么不放心的？再说，他们还不起是一个问题，债主在不在又是另外一个问题，不能让人们丧失所有希望。”

老人是糊涂了吗？尽人皆知，“蓬莱号”已经消失在浩渺的大海之上，怎么可能回来？莫非……莫非老人有别人不知道的消息，毕竟他是轩辕启恒的族长啊！否则，怎么会挺身而出？

专题 2-2：

同途殊归：英法第一代泡沫的不同结局

南海泡沫和密西西比泡沫是人类历史上异常惨烈的金融危机，英法两国对危机采取了两种完全不同的处理方式：英国不遗余力地救助南海公司，法国在危机最初就以迅雷不及掩耳之势关闭了密西西比公司。

结果呢？

时人意料之外，经济学意料之中：英国从此走向了工业革命，成为称霸全球的日不落帝国；法国即使在欧洲大陆也困难重重，终究没有成为海洋性大国。

英国处理南海泡沫的目标只有一个——让南海公司活下来，只有南海公司存在才能为处置危机留出足够的空间，只有南海公司活下来才能留住资金运转通道，只有南海公司活下来才不至于让经济停摆！

关于如何处置南海公司，当时的英国人也有一场激烈争论。在上议院和众议院，议员们对南海公司的观点可以分为“救亡派”和“复仇派”。顾名思义，救亡派主张救助南海公司，复仇派在主张对南海公司及其高管实行彻底清算。在最关键的诉讼时期，南海公司司库在王室纵容下带着重要的证据出逃英格兰，整个事情不了了之。随后，南海公司被英格兰银行收购。其中道理很简单：相对平和的处置方式确实不能减少损失，却将损失暴露拉长到几十年，无论多么巨大的损失，在几十年中慢慢消化也就不那么刺目了。

反观法国处理密西西比泡沫，可谓暴风骤雨、快意恩仇，迅速关闭了密西西比公司和法兰西皇家银行，所有损失都在一瞬间爆发，从本期资产中扣除，这将是怎样一种惨烈？此后王室颁布法律，为了禁止国民参与股票投机，禁绝现代银行业，对创立股份公司也进行了严格限制。大家都知道，工业革命能爆发就是因为股份制分散了投资人风险。丧失了商业银行，丧失了股份制，法国已经注定在即将到来的工业革命中被英国甩在后面。等到拿破仑留意银行的时候，一百多年已经过去了，世界已经是英国的世界。

远方即财富

泡沫中人们背负了巨大的债务，这令人很痛苦。可日子终究是要过下去，有很多事情要做，人类永远不会放弃对美好生活的追求，所以小镇上不再有人提及“蓬莱号”或者“蓬莱号”股票。

其实，无论对人还是金融危机，时间都是治愈痛苦的唯一良药。对于痛苦，人们本能地会渐渐选择忘记，对于不能忘记的人们，最终时间会连他一起忘记。

金融危机救亡，“时间换空间”就是这个道理。

小镇再次忘记了“蓬莱号”，“蓬莱号”却正在向小镇飞驰。

没有人不喜欢黄昏，那种安逸可以把一天的烦恼散去，习习夜风中最能体会红尘的风情万种。

依然是傍晚，夕阳把大海染成了红色，人们在海边漫步，享受着这一天中最美的光景。没有人注意到海岸线上飞来几个小黑点，随着呼啸的海风，小黑点又以肉眼可以看到的速度变大——那是一只远归的船队。

翻滚的波涛中船队乘风破浪，渐渐变得清晰起来。

“‘蓬莱号’！”不知是谁发出一声惊呼，打破了黄昏的寂静，突然一种巨大的喜悦在人群中爆发开来，人群变得无比兴奋——人们看到整个船队船身都在吃水线以下，“蓬莱号”作为旗舰一马当先，船头旗帜猎猎飞扬，分明写着两个大字“蓬莱”！

三年了，“蓬莱号”真的回来了！

消息不胫而走，小镇立刻沸腾了，所有人都在第一时间赶到码头，看一看远行归来的人。“蓬莱号”并没有到达蓬莱，但“蓬莱号”到达了一片人们从未到过的土地。

小镇上的人们第一次知道有一种巨大的四足动物叫大象，第一次听说巨大的露天金矿，第一次知道有醇香的龙舌兰酒、绵软松脆的薯类、酸甜可口的番茄……所带回的东西同样闻所未闻、见所未见，有洁白如玉的象牙、晶莹剔透的宝石……

最重要的，船队中有一艘船运回了整整一船金银和贝壳！看着眼前的珠光宝气，人们猛然意识到“蓬莱号”真的把传说中虚幻的影子变成了真实的财富，马上就有人想到“蓬莱号”股票——绝大部分股票都被轩辕族长和轩辕家族收购了！

有人再次捶胸顿足，怎么当时就贱价把股票卖给了轩辕家族，为什么没有勇气赌一把？有人再次喜笑颜开，鉴于轩辕族长当时坚定的态度，真有个别人就没有出售“蓬莱号”股票。

无论捶胸顿足还是喜笑颜开，人们终究震惊于“蓬莱号”带来的巨额财富：金银珠宝自是不必说，就是那些作为食物的番茄、马铃薯、玉米，都足以让人们咂舌。鲜红的番茄汁、酥脆的玉米面饼、松软的土豆泥，确实香甜可口，小镇上原有的食物已经传承多少代人，谁还不想尝尝鲜呢？

只是这价格也太高了吧？一杯番茄汁或者一份土豆泥，价格足以让普通人吃上一顿饱饭了。

上官煦炎又成了第一个忍不住的人，终于有一天，他在轩辕商号大声喊道：“轩辕启恒，你给我出来，太过分了吧？一杯番茄汁、一块玉米饼、一盒土豆泥可是我们一天的口粮！这东西又不是金银珠宝，就不能便宜点？”

面对挥舞拳头的上官煦炎，商号伙计毫不示弱：“‘蓬莱号’去了三年，带回这点东西，就算有种子也得明年才能种出来，凭什么便宜卖给你？”这位伙计也曾经是“蓬莱号”船员，他接着喊道，“我们在冰原上忍饥挨饿的时候你在干什么？你不是说我们在自寻死路，就是死在大海上也活该？”

难怪这位伙计对他态度恶劣，上官煦炎是一个对好恶丝毫不加掩饰的人，总觉得世界应该按他的意思去转，自己理所当然应该高人一头。对于“蓬莱号”，上官煦炎最初嘴里都是诅咒；至于“蓬莱号”股票，暴涨的时候当然不能缺了上官煦炎，暴跌的时候凭什么牵上他？即使轩辕族长收购了股票，上官煦炎嘴里还是没有什么好话，如今就更不用提——凭什么当初轩辕族长收购“蓬莱号”股票，还不是早就知道“蓬莱号”能返航，趁机黑大家一把？

把心情写在脸上的人毕竟是少数，更多的人一定会面对现实，创造财富的最佳路径是模仿成功者。目标就在那里，曾经有人实现，照着做就是了。

既然轩辕启恒可以，我为什么不可以？

远航有风险，所有的风险在珠光宝气面前都显得微不足道，为风险放弃收益，只有一个原因——收益不够大。

惊涛骇浪、狂风暴雨、激流险滩……都阻挡不住人们追求财富的脚步。弹指之间，人们仿佛回到了蓬莱泡沫鼎盛的时候，“蓬莱2号”恢复组建，造船厂再次兴旺起来，有人开始研究番茄、土豆种植……

同样是财富，一面是泡沫中的纸上财富，一面是琳琅满目的商品，有区别吗？

有，泾渭分明。

金融让资金运转更有效率，请记住，在任何时代这个命题都是有前提的，那就是实体经济必须具备创造财富的能力和多种途径，金融只是把钱引导到最有创造力的方向。通俗地说就是人们要有发财的途径，包括小镇上出现的跨海贸易，也包括当代经济的产业创新。如果反其道而行之，只有货币空转而没有产业创新，便如《天龙八部》中的鸠摩智，先练七十二绝技而后练易筋经，本末倒置，大难便在旦夕之间。

专题 2-3：

贸易、创新与财富

1492 年，哥伦布发现了美洲大陆，创造了“新大陆的发现”；1497—1498 年达·伽马到达印度洋西海岸，也就是今天的非洲，创造了“新航路的发现”；1519—1522 年，麦哲伦完成了环球航行，证明了地圆学说。

这三件事在今天的世界历史上被称为“地理大发现”。

有一种观点，“地理大发现”给欧洲带来了黄金、白银、奴隶，依靠抢劫，欧洲才完成了资本原始积累。这种观点有一定道理，以西班牙为例，16 世纪至少从美洲运来黄金 200 吨、白银 18000 吨。

这里要告诉大家的不是“地理大发现”给欧洲带来了多少财富，而是地理大发现中的经济学逻辑——创新是世界上所有财富的根本。

地理大发现充满了血腥，却仍被人类永久纪念，不是人类崇尚暴力，而是因为贸易触及了人类财富最核心的部分——创新。欧洲率先走向近代靠的不是区区剑匣，世界没有哪个国家、公司、个人能靠着抢劫长盛不衰，依靠抢劫致富的逻辑大概也只有强盗才会相信。

贸易是人类历史上所有重大创新的原动力，有分工才会有贸易，有专业化才会有贸易，贸易确实没有创造什么，但贸易本身就是一种重大的创新。商品从一个人手中流转到另一个人手中，就是因为自己创造不出来（或者创造不划算）。“地理大发现”万里远洋，以一种宏大的视角将商业逻辑演绎得淋漓尽致，带回来的商品一定闻所未闻、见所未见，当然是创新！

所以，不要简单地认为贸易只是把一个地方的东西带到了另一个地方。贸易，才是人类财富最初的原动力！

与所有创新一样，贸易作为最原始的创新同样具备垄断性。既然具备垄断性，必然会出现超额利润，超额利润又会激励后人追随。

在赚钱这件事上仅有勤劳勇敢是远远不够的，创新才是人类财富最根本的源泉，也是人类终极福祉。抢劫只会瓜分财富存量，勤劳只能维持财富存量，只有创新才能给人类带来超级财富，让人类一步步走向未来！

财富从哪里来？

财富从创新中来！

在小镇的故事里，我们将不断重复和强调这个逻辑。

我的就是我的

在任何时代，人类创造财富的能力都是惊人的。

“蓬莱号”自不必说，“蓬莱 2 号”船队、“3 号”船队……远洋贸易给小镇带来了无限生机，除了轩辕家族、长孙家族等，短短数年间小镇上的人们就不再靠农耕渔猎为生，远洋贸易已经成为小镇最大的行当，与远洋贸易相关的行业更是鳞次栉比。

码头上帆影幢幢，大路上马车奔腾，信步走在小镇上，每一个店铺都人头攒动，每一个人看起来都非常忙碌……

新世界令人啧啧称奇，小镇对他们来说同样也是一个新世界。新世界的兽皮、象牙可以在小镇上卖出高价，小镇的棉布在新世界能卖出高达数十倍的价格。新世界的衣服用麻、葛一类植物纤维织成，所谓“苎布”“葛布”，长绒棉织品更是见所未见。

人类对利润的嗅觉是最灵敏的，参加远洋贸易，不一定每个人都需要去大海乘风破浪，谁能更快、更好地做出更廉价的纺织品，同样能获得超额利润。

原本织布就是每家每户的生计，农闲时节女人们会纺出纱线然后织布，大致满足一家穿戴，剩余不多。这样的规模显然不能满足远洋贸易的需要，几乎就在一夜间，人们开始研究各种各样的织布方法。

最简单的方法，原来织布用勤劳的双手，如果把双脚加进去岂不就能增产一半？这种听起来异想天开的想法，每一个人都在尽其所能思索，谁先想到好的方法谁就能赚到更多的钱。一个人的聪明智慧和运气都是有限的，如果每一个人都运用自己的才智，智慧和运气就将接近无穷，千百次试错中终究会有人成功。

在某种程度上，利润是促进技术进步的巨大力量。利润之下，任何货物都谈不上稀缺，有足够的利润就一定有足够的货物。如果是无法复制的自然资源，还可以找到另外一种资源替代品。

果不其然，很快有人就创造出了“飞梭”，发明者叫太史弘贺。太史弘贺原本只是一个修理日晷、沙漏的匠人，多年的修理生涯让他对机械设计有着无比敏锐的灵感，双脚通过踏板为“飞梭”提供动力，如此一来产量何止成倍增长？

衣与食是人类最基本的生存需求，一定具备最大的市场，技术革命必定在这两个领域率先出现。

不是每一个人都有轩辕启恒的勇气，不是每一个人都有太史弘贺的聪慧，甚至不是每一个人都有上官煦炎的无耻。所以，不是每一个人都能迅速在远洋贸易中获得财富。在小镇的世界里，没有人不羡慕财富，尤其羡慕他人财富。强行要求人们对财富视而不见，违反人类作为生物的本性。

除了创造，偏偏人类还有一种本性叫懒惰，不仅懒惰还嫉妒，就会有人生之苦，所谓“求不得”“求财而不得”。由此阴谋论就会产生、盛行，如此便能为自己的无能与困境找到充分的理由。

……

——轩辕族长一定知道轩辕启恒能够回来！或者他一定知道些什么，不然怎会做吃亏生意！

——“蓬莱号”原本就是轩辕家族的阴谋，轩辕家族与西门婴隆、东门嘉运本来就是蛇鼠一窝！西门、东门先是设计了股票泡沫，轩辕又装作圣人回购股票，最后所有的财富还是落到了他们几人手中！

……

上官煦炎自然又成了这批人的领袖，开始只是私下抱怨，后来上官煦炎逢人便说：如果轩辕族长不确定“蓬莱号”终将满载回来，他会收购人们手中的“蓬莱号”股票吗？再说，轩辕族长不是一直宣扬“蓬莱号”会回来吗？他早就知道结果，才会趁火打劫，这老头儿看起来德高望重，骨子里却是一个彻头彻尾的强盗！

面对财富，很多人会劝说自己相信某一件事，就算是可以轻易被识破的谎言，还是有人会选择相信。他们会忽略事情的诸多疑点，自觉去维护谎言，因为承认错误就等于彻底放弃这些财富。

沉醉在自己编织的谎言中吧，哪怕一刻也好。

“蓬莱号”股价越来越高，就有越来越多的人心痛！上官煦炎不停奔走呼号，追随他的人越来越多。

一个巨大的旋涡再次围绕在轩辕家族周围。人们没有想到，上官煦炎并不拐弯抹角，带着最坚定的信徒直接冲到了轩辕族长面前，赤裸裸地提出了无耻的要求——把“蓬莱号”股票还给他们。

再次聚集在轩辕族长门口的人们依旧带着一股狂躁，争先恐后向轩辕族长提问，认定这个曾经救他们一命的轩辕族长就是强盗。

……

“凭什么你以那么低的价格买走我们的‘蓬莱号’股票？”“你是族长，还是强盗？”“为什么当时你知道‘蓬莱号’的消息却不告诉我们？”“马上把我们的股票还给我们，就现在！”

……

面对疯狂的人们，轩辕老人的目光这一次没有丝毫退让，反而显得愈发坚定：“如果我今天答应你们，就是小镇的灭亡！”

轩辕老人的威严让癫狂的人群稍微静了静，人们只是七嘴八舌嘟囔：“为什么不能答应我们”“这是我们的事情，跟镇子有什么关系？”

上官煦炎想说些什么，抬头却碰到了轩辕老人那威严的眼神。

“你们谁没有买过东西？如果达成的交易不被认可，可以随时撤销，还有谁会做交易？”轩辕族长的眼神从每个人脸上扫过，“今天如果你们从我手中抢走股票，别人同样可以从你们手中拿走股票，不要说远洋贸易，这个镇子上还会有交易吗？”

轩辕族长的目光最终落在了上官煦炎的脸上，上官煦炎不由自主地打了一个冷战，他只听轩辕族长一字一句地说：“对不遵守承诺的人，我的承诺同样可以撤销，你不能以现价的一半回购股票。如果谁再提出这样无理的要求，和你的下场一样！”

人群突然变得悄无声息，上官煦炎目瞪口呆地看着轩辕族长，突然哭出了声：“你……，轩辕族长，你不能这样……”

财富，不可能得到的财富，那就是难以抵挡的诱惑！即使是无赖也要试一试，不无赖更拿不到这笔财富！这种丑陋的想法，很多人如果直面自己，会颤抖地发现这才是灵魂深处那些最真实的想法。

然而，此刻的寂静让人不敢去怀疑轩辕族长，不敢怀疑轩辕族长惩罚上官煦炎的决心，因为每一个来到这里的人都知道自己所说的“道理”完全是谎言。

上官煦炎很想站出来再次质问轩辕族长，为什么偏偏要对他施加如此严厉的惩罚，可是他不敢，人们愤怒的目光已经转向了他，这些人跟随他来到这里，才突然发现可能面临更严厉的惩罚。

惩罚，只有更严厉的惩罚才能保护原本属于自己的财产!

剥夺者终将被剥夺!

小镇西门的茶馆又成为最引人注目的地方，经轩辕族长提议，所有人都接受这样的规则：茶馆中的交易在众人见证之下完成，无论以何种价格、何种方式成交，都永远不可更改，必须为所有人所接受!

股份成交记录将在茶馆中备案，股份归属不能被质疑，谁的就是谁的！股权归属清晰，神圣不可侵犯。生活在这小镇上，无论外乡人还是本地人，对待所有财产同样如此，试图剥夺别人财产将被驱逐出小镇!

这条公约既是对所有人的保护，也将对所有人施加惩罚，小镇上的每一个人、每一个家族都认可这条公约，都宣誓将信守这条公约。此时此刻，没有人保证自己将来不遇到上官煦炎这样的人，没有人保证自己的财产不会受到威胁，没有人知道未来是怎样的，只有明确并遵守公约才是对自己的保护。[1]

“我的就是我的”，小镇从来没有人想把约定俗成的东西公开说出来。没有人会想到，就是简单把这种约定俗成明确下来会给小镇带来多大的机缘。简单的公约让小镇所有人都兴奋起来，人们对创造财富迸发出前所未有的激情：财富不可能无缘无故被人拿走，我的将永远属于我并传之于后世，美好的明天就在自己手中，为什么不去奋斗呢?

如今，小镇可以做各种生意，只有一个条件，付出对等的代价。

1　“模糊面纱”原则又称“无知之幕”，只有当缔约各方都对未来无知状态时制定的游戏规则才合乎公平。在小镇的故事里，没有人知道未来会是怎样的，只有以最公平的手段保护和惩罚所有人才能确保自己最大限度得到保护，虽然结果不一定公平，但过程肯定公正。

专题 2-4：

产权：财富之始

产权是金融学乃至经济学的起点，也是金融学乃至经济学的终点，如果没有产权，金融学乃至经济学将没有任何存在的意义。

诺斯在《西方世界的兴起》中将明晰产权作为大航海兴起的根本性因素。道理很简单，1600 年之前大航海的技术就已经存在，而且“地理大发现”发生在西班牙、葡萄牙，但这两个国家始终没有发生工业革命。究其根本，就是没有明晰产权。此后荷兰阿姆斯特丹、英国伦敦先后建立了股票交易所，随后荷兰和英国成为领袖世界的第一代大国，根本原因就在于荷兰和英国最早明确了产权。对产权的制度性规定从根本上激发和保护了经济领域的创新活动，有了产权保护，才能在全体社会成员之间形成基本市场制度，否则西班牙、葡萄牙时期所谓的“市场”只是欧洲各国王室之间的交易，与社会进步发展无关。有了产权保护，荷兰、英国才延续了大航海的发现之旅、迸发工业革命、兴起了股份公司，激发了后来的土地产权制度革命，并最终促就了近代商业银行制度的形成。

尽管英国、荷兰金融市场都出现了惊天动地的金融泡沫，但这并没有损害市场的根本，反而以产权的形式明确了灾难后果的承担者，在全社会分散了风险。也可以说，正是有了产权，才让风险以一种合理的形态分布在整个社会（不一定是公平形态），整个社会才更健康。

专题 2-5：

可怕的“圈层”

有了财富人类才能生存下去，才会有选择的权力，才会有人生的一切，最重要的，有了财富才不会任人摆布。

财富，值得每一个人拥有！

拥有财富就必须明确产权，否则没有人有动机创造财富，这是一个再浅显不过的道理。很遗憾，如此浅显的道理在世界上并不通行，总有人想走捷径获得属于他人的财富。

如果盗匪横行，社会生活将无法继续，战乱年代出现饥荒，很大程度上并非人们没有能力耕种，谁会去耕种呢？谁知道耕种的田地会不会一夜间被人抢光？在正常社会，以暴力劫掠他人财富是恶性犯罪，这个道理大家都明白。如果以道德为理由劫掠他人财富呢？创造财富的道路是漫长而痛苦的，劫掠财富尤其是劫掠富人财富却是最简单、最迅速的致富途径。

法律可以抑制暴力抢劫，却无法对侵蚀他人财富的隐形手段进行规制。较之抢劫一类的暴力犯罪活动，隐形手段对市场的伤害更有过之而无不及。

如果市场上存在强势方，比如垄断托拉斯，只要掠夺的成本比创造更低，强势方便一定会选择掠夺。更可怕的是，市场强势方抢夺财富往往又以市场的名义，结果只能更加恶劣——天下之财，以商夺之，摧之无形。

人类有趋利避害的本能，人类又将永远向财富靠拢，社会精英层一定会整体从创造转向掠夺——谁不想拥有更多财富呢?

在“伪市场”逻辑里财富创造将无比艰难，因为社会财富分配规则将不再以创新能力为圆心。在“伪市场”中，社会财富分配规则是一个以最强势方为圆心的圈层，距离圆心越近，获得财富的数量便越多。随着距离圆心渐行渐远，获得财富的数量便会递减。递减到一定层次，无奈才去创造财富。毋庸置疑，往往普通阶层只能承担简单劳动，社会再生产也就只能是简单循环，不可能出现重大创新。我们说过，创新才是财富最重要的源泉，否则，一个社会便不可能出现财富井喷。

在《西方世界的兴起》中，诺斯就以这个逻辑诠释欧洲历史：在大国争霸的历史舞台上，西班牙、葡萄牙、法国都先后出现过这样的社会圈层，不尊重产权，以王室为核心，依据与王室关系远近形成一个劫掠财富的圈层。在荷兰证券市场被创造出来的时候，西班牙、葡萄牙这些当时最强大的国家不但没有为经济增长提供产权制度的保护机制，还创立了一套包税制，按圈层远近赋予贵族各种垄断权力，不但抑制了创新，还导致生产性经济活动在法国相对下降和在西班牙绝对下降。

因此，在诺斯看来，工业革命、近代金融体系出现、股份制企业形成，一切的根基并非瓦特改进过的蒸汽机或者某种工业技术的灵光乍现，究其根本是产权保护制度的确立，随后种种经济现象才递延而出：股份公司实现了规模经济、降低了经营成本；圈地运动和汇票提高了要素市场效率；保险制减少了市场的不确定性……

最终，英国成为日不落帝国，并无半分侥幸。

银钱之行，故曰“银行”

贝壳在小镇以外的世界不通用，有了远洋贸易，小镇的货币已经全部换成了金银，人们通常称之为“钱”或者“币”。

小镇上原是有金银首饰铺的，人们有时候把金银存在这里，当然，存放金银是要付钱的，人家不会白白为别人保存。直到有一天，终于有人打破了千年以来的传承，原来“钱”也可以被经营……

除了“蓬莱号”，轩辕启恒、长孙东阳这些探险者，还有很多人去新世界纯粹是为了猎奇，看一看外面的世界是怎样的。南门亦菲、南门亦潼姐妹就是这样的人，她们原是小镇上的金银匠人，也是登上新大陆的旅人。

南门亦菲喜欢新世界的一切，哪怕是一根发亮的松针、一块海滩的沙砾、一颗清晨的露珠，所以，南门亦菲留了下来。

新大陆的风景再美好，南门亦菲也要生活，所以她重拾旧业，在新世界开了一家金银首饰铺，很快她就发现自己留下来是一个异常正确的决定：赚钱不一定非要乘风破浪，有了手艺也不一定去做金银首饰。

“嗨，南门亦菲，快来帮我们看一下这次赚到的金币成色如何，能在你这里换成多少金锭？”

此时此刻，南门亦菲正坐在店门口的长凳之上，眼前的潮起潮落让她倍感着迷，却也不介意轩辕启恒一屁股坐了下来。

小镇和新世界虽然同用金银作为货币，但两地的金银成色并不一样，会出现一种兑换比例。数代金银匠人传承，不知有多少金银在南门家族手中流过，如今南门姐妹已经有了火眼金睛，无论金块还是金币，只要搭眼看一下就知道成色如何。

小镇的生意人总是把赚到的金银存放在她这里，不仅是为了请南门亦菲估价，还会把大部分金银存放在这里——没有船队喜欢带着金银在大海上航行，万一遇到风暴岂不人财两空？更重要的，南门亦菲的妹妹——亦潼已经回到了小镇上，在新世界拿到南门亦菲签出的一张存据，带着这张纸回到小镇，便可在南门亦潼那里换到等量的金银——没有舟车劳顿之苦，更没有丢失之虞，岂不是两全其美？

这笔金银不一定非要从新世界运送到小镇（或者运回来），总有人想从小镇带金银来新世界，也总有人想从新世界带金银去小镇。与之相对应，南门亦潼在小镇开出证明，南门亦菲在新世界就可以兑付金银，反之亦然。隔很长一段时间，南门姐妹才会做一次轧差，这个时候金银才会运送到多出方的手里。

小镇与新世界间的贸易越来越兴盛，航船和商队也到达了越来越多的地方，不仅是新世界和小镇，很多地方都有生意可做。贸易地点越多，银钱汇兑生意就越兴旺，除了南门家族，很多金银首饰铺也都加入其中，甚至很多金银铺开成了“联号”。即，只要加入联号的金银铺，互相之间认可开出的汇兑凭证。

今天，南门亦菲熟练地点验着金银，一边操着乡音跟轩辕启恒聊天：“轩辕船长，恭喜啊，又收获良多。”

轩辕启恒没有太多表情，只是叹了一口气："确实赚了不少，比任何一次远行都不少，挺值得的。"

南门亦菲停下了手中的活计，疑惑地看着轩辕启恒："听您的口气好像不是太满意，是有其他什么事情？"

此时，长凳上又坐了几位商人，大家都是来这里点验并存放金银的。听南门亦菲这么说，大家都把疑惑的目光投向了轩辕启恒。

轩辕启恒没有回答南门亦菲，却转头对长凳上的人说："新世界捞起来一艘沉船，里面有一箱钻石。这批钻石一旦流向市面，新世界的钻石就会跌价。但是，如果能把钻石运到小镇上，价格可比新大陆高多了。"

"得了，得什么东西付什么代价，这批钻石的量很大，就算知道能赚更多，咱们付得起那个代价吗？"

"说的是，我们'蓬莱2号'船队已经装满货物，整个船队的货物估计连半箱钻石都买不到，这辈子也不知道有没有机会碰上这样的大生意。我出行前得知的一点儿消息，最近小镇上钻石的价格已经翻番，要是能赚到这笔钱，那可真是……啧、啧、啧。"

"嘘，别乱议论这个，当年沉船的主人可能就是这么想的，结果血本无归，还是知足常乐吧。"

这是新世界最大的一个新闻，不知何年何月，曾经有一艘商船接近过新世界。靠岸之前功亏一篑，在距离陆地20海里的地方沉没了。商船上的宝物不知在海底沉睡了多少年，其中就包括那箱钻石，如今终于重见天日。

小镇原本没有钻石，品质稍微好点的钻石都能卖到很高的价格，这箱钻石无论色泽、透明度、体积都是上上之选，如果能运回小镇，获利肯定比现在的货物多出数倍。新世界的钻石价格虽然比小镇便宜，但还是相当昂贵的，这箱钻石的价格在新世界要黄金两百镒[1]，轩辕启恒一年贩运的货物价值不过也就两百镒黄金。

人们七嘴八舌地议论钻石，轩辕启恒再次无奈地摇了摇头，确实不可能有这么多本金，纵然知道钻石运到小镇后有翻倍的利润，又能如何？就如同大家所说，知足常乐，总胜过血本无归。

找到了安慰自己的理由，轩辕启恒还是有些遗憾，毕竟这样的机会不是每次航海都有，一箱钻石的利润足以抵得上几年的辛苦。默默在心里这样想着，轩辕启恒抬起头，却发现南门亦菲也在看着他。

对视的一瞬间，轩辕启恒有种本能的激动，就如同"蓬莱号"出海之前跟长孙东阳站在海边商量的感觉。轩辕启恒后背本能地就冒出了一层鸡皮疙瘩，"蹭"地一下从长凳上起身：南门亦菲这里存放的黄金足够两百镒。可这是别人存在这里的黄金啊，整整两百镒啊，能借给自己吗？

为什么不能？只要有足够的收益！

小镇的人们很奇怪，"蓬莱号"已经是一支庞大的船队了，本应满载而归，为何只有"蓬莱号"一只船回来了，莫非船队在海上遇到了风暴，其他船只已经罹难？既然如此，为何在轩辕启恒沉静的脸上看不到任何情绪？

仅仅一天之后小镇就沸腾了，"蓬莱号"确实只回来了一条船，也没带什么货物，只载回一箱价值连城的钻石，起码价值六百镒黄金！传说这箱钻石中有一颗直径达五厘米的粉色钻石，被称为"玫瑰之心"，一眼望去，那种粉色好像可以印到人的心里，让人觉得世界都变得晶莹

---

1 《战国策·燕策》记载，黄金百镒，折合黄金2400两，两百镒即为4800两黄金。

剔透。

“玫瑰之心”第一次展览就被镇上的纺织大王太史弘贺看中，最终以一百镒黄金的价格买走了这颗钻石。“飞梭”技术秘不外传，太史弘贺的纺织品产量占到全镇的六成，太史弘贺也因此成为全镇最富有的人之一。

原来，南门亦菲将金银店里存放的金银借给了轩辕启恒，“蓬莱号”船队这才有钱收购了这箱钻石，又把钻石运回了小镇。

不只是南门家，任何一家金银店铺都有存有取，尽管每天谁来取钱存钱不一定，但两者之间一定有固定的留存比例，也就是说会有一笔钱存在金银铺。有了这个余额，南门家的金银铺就能在小镇和新世界之间完成汇兑，赚取一笔丰厚的汇兑收益，大概在 10% 左右。自从有了汇兑，金银铺已经取消保管费，毕竟汇兑带来的收益更高。

对原本经营金银首饰的南门姐妹来说，10% 的收益已经很高了，还有没有更高收益的银钱买卖?

轩辕启恒的生意告诉南门姐妹：有!

轩辕启恒本金不足，可以从南门亦菲这里借钱。新世界到小镇的航程往返加上销售钻石的时间不超过一年，只要轩辕启恒一年内归还这笔钱，就算是完成了这笔生意。当然，为了借款轩辕启恒要付出一定代价，也就是年息 20%。

南门亦菲可以借钱给轩辕启恒，当然也可以借钱给其他人。南门家族可以借钱给别人，其他金银首饰铺当然也可以这么做!

金银铺很快就发现借贷是一门相当好的生意，需要现款的商人可以向金银铺借款。即使没有存放金银，金银铺也可以出具一张存款文契给借款人，凭着这张票据可以在金银铺或者金银铺联号中取款，文契上会写明利息、借款日，借款人和金银铺通常称之为“汇票”或“期票”。

挂着金银首饰的牌子，汇兑和放债收益远高于金银首饰，是不是取一个新名字？南门家族认为，原来的店铺叫南门金银首饰行，现在既然做银钱生意，何不就叫“南记银行”？

专题 2–6：

银行与板凳

这节的故事不止一次提到南门亦菲门口有一个板凳，在金融史中，这条板凳并非可有可无的摆设，而是银行的开始。

早在 13 世纪欧洲航海业就已经有了大发展，新大陆发现之前欧洲商业枢纽位于地中海地区，佛罗伦萨、热那亚、威尼斯等城市都曾因为贸易而兴盛，最早的银钱汇兑业务就出现在这里。

当时的市场各国货币混杂，加之有人故意在金银中混入了铅，大宗交易金银需要有人专门鉴定成色，便出现了“兑换人”的职业，也就是小镇故事中的南门姐妹。兑换人多来自于金银首饰铺户，只有他们在金银成色鉴定方面最精通。一开始，兑换人只负责鉴定金银成色、兑换本地货币，逐渐开始为商人保管金银、收存游资，后来发展到发放贷款。

传说兑换人喜欢在店铺门口摆上一条长凳，跟客人在长凳上聊生意。在意大利语中兑换商被称为“Banco”，就是“长凳”的意思，这个词便是“Bank”的由来，最著名的“威尼斯银行”已经开始用“Bank”来表示自己的业务。

至于“银行”这个词汇则是地道的汉语原创词汇，清朝末年开始兴起，即“经营银钱的行业”。

需要说明的是，虽然有人把地中海一带银钱业务视为银行的祖先，地中海银钱业同样经营“存、贷、汇”老三样，以威尼斯银行为代表的地中海银钱兑换业却与近现代银行大相径庭。最典型的特征是，地中海银钱业不信任抵押、担保等现代风险缓冲手段，信贷及汇兑业务看中信用，在这一点上更类似于中国古代的钱庄、票号。

这点本质的区别正是威尼斯银钱业败亡的祸根。

地中海银钱业兴起之后很快就成为欧洲各国王室的摇钱树，王室、主教、贵族纷沓而至。在接下来的一百多年里欧洲各国王室经历了无数次战争，每一次战争都会来地中海银钱市场筹集资金。王室、主教、贵族、骑士……这些人都是欧洲中古时代的上层，但偏偏这些人最不讲信用，且一旦卷入债务规模和偿还期限就不可控。

战争终究有失败的一方，任何一方失败都会拖累一批汇兑商破产，等到16世纪“地理大发现”的时候，地中海银钱市场已经彻底消失在历史长河之中。

第3章

金融的本性

商业银行：人类第一次资金大匹配

有了南记银行，银行手中有多少金银，便可以开出多少“汇票”，有多少“汇票”便能借给商人多少钱。轩辕启恒这些商人再也不用带着大笔金银漂洋过海，普通人的生活也方便了许多。更重要的是，从此银行让商人具备了时空转换功能，今天可以花明天的钱，商人看到机会的时候不必仅靠自身原始资本积累了。

除了便捷，人们更咋舌于“银钱之行”的盈利能力，南记银行在小镇目光能触及的世界全部设立了分支机构，尽管只有汇兑、存款、贷款这三样业务，依然赚到盆满钵满。毕竟货币从古至今都是稀缺资源，或者资源稀缺将是宇宙中永恒的状态。

尽管有了银行，尽管小镇能够在货币上转换时空，这里仍旧是一个恬淡的小镇，多数人以农耕为生，农耕生产周期天然分为农忙、农闲，农忙时节也是用钱最多的时候，肥料、人工……有多少投入便有多少产出。原始商业总是与人类最基本的需求相关，衣、食、住、行，收获时节则是商业最繁忙的时候，积累的货物越多后期盈利就越大。

在刚刚走出洪荒的时代，农牧业和商业的资金周期正好交错，农牧业用钱的高峰期商业正好有富余资金，商业最需要资金的时候农牧业恰巧是资金最丰裕的时候。之前两个圈层很少有信息交流，耕读传家的农人和商人基本不接触，这是两个完全不同的圈层，大家都靠自身积累再生产。更多情况下无法扩大再生产，也就只能简单再生产，无怪乎人类社会在农耕时代徘徊了数千年！

要想走出蒙昧的洪荒，小镇的人们必须向未来借钱！有了金融，有了银行，向未来借钱就不是什么难事儿了。

有了银行，两个社会圈层不仅有了资金沟通渠道，也建立了信息渠道，因为银钱在任何时候都是最有效的沟通渠道——富余资金能给双方带来更高收益——谁不想多获得一些生活资源呢？

多赚点儿钱，挺现实的一个目标。

只要获得资金使用权就能获取更大收益，很快人们就看清了这一点，人们愿意为自己赢得未来，也愿意为借款付出代价。

银行的出现促进了人类产业第一次资金大匹配，获得了走出洪荒的金融钥匙，促进了生产能力第一次大飞跃。所以说金融是魔力行业，能让人穿梭时空，获得超能力——超前消费或者超前生产。

轩辕启恒如果只依靠自己的能力积累资金，不知何年何月才能把“玫瑰之心”带到小镇。从南门亦菲那里获得资金，等于瞬间扩大经营能力，不必再等待原始资本积累，奋斗历程被提前，说生命被延展也不无道理。

任何时代，利润都是一种冲锋号角，相对农耕、越洋贸易、手工业，银行的钱看起来还是很好赚的。金银匠人对分辨金银成色有着天然的敏锐，常年在市场上摸爬滚打对借给谁钱就更是有心得。

不一定非要漂洋过海，还可以设立银行！

冲锋号角来了，果不其然，无论西门家族还是东门家族，人们很快就嗅到了其中商机，又以西门婴隆和东门嘉运最为迅速，联手在西门茶馆隔壁开设了一家“西门银行”。

更有甚者，就连上官煦炎都凑热闹在小镇东门开了一家“东门银行”，搞得大家还以为这家银行是东门家族所创。关于这个牌子，东门家族对此嗤之以鼻，明明是你上官家的事儿，挂上“东门”大家就会信吗？（事实证明东门家族失算了，后来因此几乎遭到了毁灭性打击。）

当然，无论西门银行、东门银行，还是其他金银匠开设的银行，都没有资本在外地开设分行。为了避免在小镇上与南记硬碰硬，也因为大家有各自的区域优势，便不约而同地把目光投向了更为广袤的农村，各地的金银铺迅速在农村设立了一批地方银行。因为地处农村，也被称为“乡村银行”。

南门亦菲、南门亦潼姐妹生长在华夏小镇，最熟悉的是华夏小镇上的商人，人们通常把南记银行称为“城镇银行”。乡村银行的存款者自然是农村地区的居民，城镇银行的存款者则大多是小镇居民，大家都有各自的势力范围。

这时候小镇以外的地区工商业还不发达，乡村银行最重要的业务并不是在本地贷款，而是把钱借给城镇银行，再由城镇银行贷出。总体来说，城镇银行的收益率还是很高的，一般情况下在20%—30%之间。

在小镇刚刚走出洪荒的时代，只要生产出来的商品总有人买，毕竟这个时代物质还远未达到丰富的地步，对普通人来说能获得维持生存的资料就已经很不容易了。所以，小镇上有人说：供给会自行创造需求。

专题 3-1：

萨伊定律与金融的起源

供给会自行创造需求，这是萨伊定律的结论。

巴蒂斯特·萨伊是古典经济学的奠基人之一，他恰好就出生、成长在天翻地覆的工业时代，同辈人有卢梭、伏尔泰、牛顿、马尔萨斯……这里要告诉大家的不是工业革命之后有多令人激动，而是工业革命之前人类社会有多糟糕。

工业革命之前，人类社会与现代完全不同，那个时候产出极其低下，基本就没有市场。所以，同时代的马尔萨斯（托马斯·罗伯特·马尔萨斯，Thomas Robert Malthus，1804 年出版的《人口原理》）总结了当时的社会经济生活状态：第一，食物为人类生存所必需；第二，两性之间的情欲是必然的，且几乎会保持现状。结论是，人口的增加，必然要受到生活资料和罪恶的抑制，因而使现实的人口得以与生活资料保持均衡。

如果绝大部分个人以延续生命为目标，产出仅能维持生存，任何产出都会被消费，所以才会有萨伊定律。让我们以“生存经济”来命名这段历史时期的经济水平，“生存经济”中市场激励可以忽略不计，如果用当代经济学语言来描述，可以说这个时代人类的需求具有无限弹性，萨伊定律当然是成立的。

金融作为一个产业出现，需要人类突破“生存经济”，只有大规模的剩余才可能刺激大规模分工，有了分工才有交换，有了交换才会有货币，有了货币才会有金融。金融是经营货币的行业，从第一天起就为提高资金配置效率而存在，总是能把钱放到最能生钱的地方，只有“生存经济”的社会是不可能产生金融的。

很遗憾，很少有人意识到交换才是金融的根基。交换或者说贸易一旦兴盛起来，金融才有了存在的根基，没有交换哪来的货币？金融本身就是一种交换——以今天的钱换得明天钱的使用权。交换既是专业化和分工的结果，也是人类财富的开始，可以这样说，没有交换就没有财富。

一个简单命题将引发一系列复杂而深刻的讨论：为什么交换就能提高社会福利？交换的物品、交换的钱原本不就存在吗？为什么交换之后就能促进社会发展？

答案是，创新源于交换，唯有创新能为人类带来福祉。

因为人类总是换自己没有的东西，交换便成为最初的创新。贸易尤其是长途贸易（国际贸易）带回来的东西一定具备创新性，本地闻所未闻，见所未见。

既然是创新，那么第一个创新的人就必然具备垄断性；既然是垄断的，那么必然是超额利润，再由超额利润的市场机制激励人们去追随。古代东方运往西方的香料——胡椒粉的价格比黄金都要昂贵，研磨胡椒粉的时候要在没有窗户的房间，工人也要戴上口罩——因为害怕呼吸或者微风会吹散胡椒粉。在同时代东方人眼中看来，胡椒粉固然金贵，怎么能与黄金同价？

在我们的小镇故事里，轩辕启恒从远方的大陆带来珠宝，带来了前所未有的诱惑，整个小镇都被巨大的利润和市场激励起来，这才演绎了小镇的金融故事。

专题 3–2：

乡村银行、城市银行与人类第一次资金大匹配

18 世纪早期，英国只有“城市银行”和“乡村银行”两种原始银行，又以“城市银行”为主。

“城市银行”和“乡村银行”一般来说都从金银铺转换而来，个别银行由王室或者富商合股组建，比如英格兰银行。此时的银行还不是完整的商业银行，主要为手工业提供流动资金，大银行则把目光投向了王室。据金德尔伯格在《西欧金融史》中记载，1750 年伦敦大约有 30 家城市银行，10 家乡村银行，因为这些银行的存在，“带有商业汇票性质的大量小额票据常常发行，并且著名行号的商业票据通过背书也差不多像纸币一样地辗转流通”。

18 世纪中叶，上升途径中的传统手工业者积累了大量资金，遗憾的是这些钱大部分被用来购买地产，并没有投入到生产中去。当时伦敦拥有大量地产才是最安全的投资，也是最有身份地位的象征。此时工业革命的技术已经成熟，然而，试图采用新型动力生产的人却只能在家族内部筹集资金，资本积累速度可想而知。

资料记载了当时的一些情况：“1741 年一对叫沃克尔的兄弟建立了自己的纺纱厂，公司建立 15 年后，他们才第一次拿到红利。这笔红利约占公司资本的 2.5%”；“有些人除了自己微薄的积蓄之外别无资财，只好开始小打小闹，拉德克利夫就是这样。他用自己当织工时节俭下来的薪水在 1785 年开设了一家工厂”。

1750 年之前蒸汽机、飞梭、珍妮纺纱机已经出现。1776 年瓦特改

良了蒸汽机，这种蒸汽机被称为“单动式蒸汽机”，具备了为工业大规模提供动力的条件。然而，工业革命依旧姗姗来迟，究其根本原因之一便是缺乏必要的资金积累。

这个时候，农村地区的人们开始羡慕工商业带来的高额利润，但封建领主对技术不了解，不懂得管理技术，也不一定知道要把钱借给谁。恰在此时，“城市银行”和“乡村银行”开始了互相之间的资金融通，封建领主不必亲自选择贷款对象，资金安全性也得到了保障。相比之下，银行是金银聚集的地方，比工商企业主的信誉更高，存款者不必担心资金安全问题。于是，农村地区的人们除了出租耕种土地，更重要的日常工作是借钱给新兴资产阶级，“18 世纪后期和 19 世纪初，地主和土地家族中的老处女或寡妇常常向工业提供资金”。

也是在这个时期，“乡村银行”出现了爆发式增长，以伦敦地区为例，1784 年“乡村银行”达到 20 家，1797 年 290 家，1800 年 370 家，1810 年约有 700 家。“乡村银行”的爆发式增长保证了农村地区有足够的资金流入城市，也提高了工商业者资金可获得性。

农业资金和工商业资金融通是人类社会的第一次大规模资金融通，正是这种资金融通，为后来工业革命爆发奠定了货币基础，扩大再生产不必再为资本积累而困扰，从而促进了工业革命爆发。

除了货币创造，“乡村银行”和“城市银行”构成的银行体系已经非常类似于近代商业银行版图：在业务方面，贵金属来自个体存款，贷款则以发放流动资金贷款和同业贷款为主；在资金流向方面，由中小银行吸纳资金，再转移到大银行贷出。“乡村银行”和“城市银行”所匮乏的只是货币创造能力，仅这一条便是近现代银行与古典银行的最大区别，银行还不能大规模创造资金，借贷能力也就被限制在存款范围之内。

卿本佳人：房地产的金融属性

西门很快就成为小镇最繁华的地方，原本这里就有交易所，如今不仅南记银行、西门银行都集中在小镇西门，就连上官煦炎的东门银行都来凑热闹，把总部开到了小镇西门。每家“银行”都修得美轮美奂，金碧辉煌。更有甚者，这里也成为小镇乃至附近最著名的商业区，商铺鳞次栉比，道路总是熙熙攘攘。在这里，目光所及的世界有什么，这里就能买到什么，无论多么稀少的钻石、宝石……都能买到。

也许金融天生就与奢华相关：有人说银行里来来往往的都是有钱人，所以人们在这里卖奢侈品；有人说只有他们用上这些奢侈品，人们才会相信他有钱，才会把钱存在这里；也有人说金融天生是玩钱的行业，当然是最奢华的行业。

果不其然，经营银行的南门姐妹、西门家族、东门家族都开始了富比王侯的生活，连轩辕、太史、长孙这些经营远洋和纺织的家族都难以与之相提并论，尤其是东门银行的经营者上官煦炎，曾几何时上官家中已经飞阁流丹、雕梁画柱。人们惊叹于这种奢华——清晨的梳妆镜如同天边莹莹的启明星，空气中弥漫着的香雾是家人们在衣服上熏兰椒……

现在上官煦炎有的是钱，在小镇上走到哪里都能收获羡慕的眼光，尽管不安会隐隐袭来，他还是很享受这些，愈发想收获更多：我难道就不能做小镇上最有钱的人吗？我难道不是小镇上最值得尊敬的人吗？轩辕启恒、南门亦菲、太史弘贺、长孙东阳，甚至他的朋友西门婴隆，这些人跟我比又算什么？

蓬莱风暴的时候轩辕族长曾经当众羞辱自己，每想到这些上官煦炎都愤愤不平。轩辕族长如今已经作古，轩辕启恒确实是轩辕一辈的杰出人物，只不过一刀一枪赚来的钱怎能跟东门银行斗富……

此时，上官煦炎已经把银行所有的钱视为自己的钱了。要怎样对付轩辕家族，怎样对付轩辕启恒才能给自己出一口恶气呢？

如今，轩辕启恒已经是家族首领，很遗憾，他在一开始就遇到了上官煦炎。

上官煦炎一心想拥有轩辕家族的祖宅，当年就是在这里被老族长当众羞辱，现在我要让这里属于我！

想一想就真的很开心！

有了这座住宅，不但能一雪前耻，还能在曾经跌倒的地方树立辉煌，让小镇乃至所有人知道上官煦炎已经成为一个人物，让所有人知道东门银行的存在！

曾经，在小镇人的意识里，祖宅是不可能被买卖的。祖宅里的一切都是神圣的，这里有家族多少代人的兴衰存亡，有着祖先的第一次呼吸和最后一次叹息，就连咿呀作响的门轴都是祖先的呼唤，怎么可能用来做交易？

轩辕启恒就是这么想的，人虽然常年在海上漂泊，却说什么也不可能把祖宅卖给别人，尤其是原本就不入流的上官煦炎。

上官煦炎偏偏就想做这笔交易！

已经预料到轩辕启恒不可能出售轩辕祖宅，上官煦炎便先从周边人手。轩辕家族住在祖宅附近，当时小镇上的房子买卖不多，价格也不高。没有人想到上官煦炎如此疯狂，扬言要买下轩辕祖宅附近所有的房子，给出的价格是市面成交价的整整一倍！

最为重要的成交条件也最为阴损，上官煦炎宣称要把这里改建成东门银行的总部。这需要很大一片地方，仅有一些小宅子是不够的，整片区域连同轩辕家的祖宅必须一起成交，否则轩辕家族谁也别想做成这笔交易！

自从上官煦炎提出这个阴损的条件，轩辕启恒的家就没有消停过。

如今的小镇已经见识了繁华，人们从未对财富如此渴望。对没有钱的人来说，祖宅再重要也比不上手里有钱重要。上官煦炎提出的条件对普通人来说太诱人了，有人甚至一生都赚不到这么多的钱，不少轩辕族人隔三岔五就去轩辕启恒家转一转，但所有人来的目的只有一个——游说轩辕启恒及其家人卖出祖宅。

开始族人只是来抱怨一下，你常年在海上见识外面的世界，已经赚到盆满钵满，我们却从未见识过人生繁华。反正拿到钱后又可以再去买一块土地，建一栋更好的宅子，死守祖宅，恋旧？还是挡我们财路？也许你轩辕启恒不缺这点儿钱，可族人没有这样赚钱的机会，为何不给族人一个发财的机会？

“祖宅渗透着先人和今人的记忆，方寸皆为神圣，”轩辕启恒觉得这主意真是奇怪，“怎么能买卖祖宅，如果祖宅可以买卖，世间还有一片容身之所、有一片干净的土地吗？”

每每这样的谈话总是不欢而散，终于，人们在一个傍晚再次聚集在轩辕祖宅之前。

祖宅的大门暂时将轩辕启恒和人们隔开，轩辕启恒看不到外面的人们，却已经感受到一副副冷冷的表情、一双双仇恨的眼睛。外面的每一个人都曾捍卫过这片祖宅，轩辕启恒不明白，为什么多年前曾经团结一致的族人如今却把矛头对准了他?

轩辕祖宅的大门始终没有打开，看着夕阳西下，外面的人群开始骚动，“祖宅是轩辕全族的产业，凭什么轩辕启恒一人说了算?”“族长是带着咱们老少爷们儿出海做生意，可赚到的钱大部分是他的，大不了不跟他干了!”“祖宅要卖，生意还是要做的，不然要族长干什么?”……

骚动的声音并不大，却尖锐刺耳，大门内的轩辕启恒感到越来越愤懑：身为族长，最重要的原因是他能带大家赚钱；如今这些人既要跟着自己赚钱，又要背叛祖训!

豁然，门被打开了，轩辕启恒出现在众人面前。轩辕启恒一步步走向众人，多年海上生涯给了他一种说不出的沧桑，脸上的线条分明，就如斧刻刀雕一般，但这样的线条给他带来的不是男人味儿，而是一种说不出来的威严。

轩辕启恒当然知道，族长的祖宅历来被视为全族之物，如果执意不肯，族人可以更换族长，到时候祖宅还是不保。

就在轩辕启恒要开口的时候，人群突然被分开，长孙东阳急匆匆挤了进来。二人目光相对，多年的默契告诉轩辕启恒，长孙东阳一定有很重要的事要告诉他，现在不是做决定的时候。果然，长孙东阳永远是那副平静的口气，反而是这种平静让众人停止了嘈杂：“大家不要着急，总要给你们族长一个决定的时间，再说迁祖宅不是一件小事，总要从长计议，把新址定下来再说。”

海边，夕阳。

当时轩辕启恒和长孙东阳就是在这里议定出海大计，小镇这才有了如今的繁华光景。再次坐在这里，轩辕启恒一脸怒气地看着身边的朋友："莫非连你都要来劝我把祖宅让给上官这个混蛋？"

长孙东阳没有回答这个问题，反而问道："你觉得轩辕祖宅值这个价吗？"

"肯定不值，这是上官煦炎跟轩辕家族赌气，东门银行的钱虽然多，又不是他上官煦炎的，那是大家的血汗钱，他居然拿这个钱来压整个轩辕族人！这样糟蹋大家的钱，给的利息再高，以后谁还会去他那里存钱？"

长孙东阳的表情露出了一丝诡异，轩辕启恒从来没有见过朋友露出如许表情。"会有人去的，在钱这件事上，人们永远只看重当下，不相信自己是傻子。明明知道对方是骗子，看到高收益也会义无反顾地跳进去，这是人的本性。何况对轩辕族人来说这本就不是骗局，而是眼前就能赚到的钱。这不奇怪，我想的是轩辕族人的房子可整整涨了一倍啊，后面小镇可能发生什么事呢？"

轩辕启恒本是聪明绝顶之人，小镇会发生什么，稍一思索，轩辕启恒突然觉得每一个汗毛都炸开了——这是一个怎样的财富游戏啊？

确实可以守住轩辕祖宅不卖，但一定挡不住别人玩同样的游戏，这个游戏甚至不需要以轩辕祖宅为目标，其他地点同样可以做到。

先买下同一地段的所有房子，突然炒高其中一所住宅，再创造一个"东门银行总部"之类的概念。地段还是那个地段，房子还是那个房子，却一定不再是那个价格，用足够的钱囤积足够的房子，到时候只需要左右手倒换几套成交价就上来了。

一旦人们看到房价上涨，就一定要求以同样的价格成交。更有甚者，如果涨势持续很长一段时间，所有房子都会毫无理性地涨价！利益最大化是人们的天性，既然涨价已经成为趋势，卖出者就要与购买者分享未来的收益。所以，房子价格就会只有更高，没有最高！

至于这么下去的后果是什么……

“蓬莱号”股票即使在巅峰也不可能和房价相比，如此暴涨已经给小镇带来莫名痛苦。如果小镇上的房子被炒起来，将是一种怎样的癫狂？

财富吗？显然是不可能的，宅子还是那个宅子，土地还是那个土地，怎么可能仅仅因为高房价就带来真正的财富？

看着若有所思的轩辕启恒，长孙东阳长叹了一声：“三生三世枕上书，可对现世来说还是那句话，最重要的永远是当下，这才是‘理性’本质，才是俗人的本心。”

想到这些，轩辕启恒的语气变得平和许多，条理却异常清晰：“这条路上官不一定能想到，我们既然能想到，西门、东门那些人一定也能想到，面对这么多财富，他们一定不会心慈手软。唯一能阻止他们的手段就是我们先把一部分房子拿到手里，到时候抛出降低市价。”

长孙东阳看着大海，像是在想着什么，轻轻叹了口气：“如果到那天大势一旦形成，便一定不是某个人能左右的，个人能力再强，怎么可能对抗市场？所以，不要再拒绝上官煦炎，先把价格压下来，联合咱们的朋友共同在西门一带布局。”

二人看向大海，却已经觉得已经看不穿小镇的未来。

专题 3-3：

房地产的金融属性

多少人都想不明白，房地产跟金融危机有什么关系？那是一排排住的房子，怎么可能是金融危机的触发键？房子是存在于真实世界的东西，又不是虚无缥缈的金融产品，君不见英文名字就叫 Real Estate？

房地产是不是属于实体经济？当然是！

实实在在的房子摆在这里，怎么可能不是实体经济？这是一个涉及方方面面、千家万户的行业，建材、家装、电器等诸多产业，在一定程度上房地产涨价对相关行业的带动能力是怎么说都不为过的。也就是说，在一定程度上房地产涨价对经济具备强大的刺激作用。

尽管普通人很难把地产中介门口的报价广告想象成跳跃的 K 线，但两者实在是异曲同工：所有席卷全球的金融危机一般都从股市开始，在房市达到巅峰，最终迫使货币崩溃、经济崩盘，从 1720 年的南海泡沫到 2008 年的全球金融海啸，莫不如此。

学术界还没有对“金融属性”进行明确定义，我们只能沿着经济学的逻辑给出一种直白的解释。

一般来说，只要一种商品可以短时间内暴涨（学名“做多”），就具备了最基本的金融属性。在这里我们暂时不考虑暴跌的情况，在金融理论中确实有个名词叫“做空”，也就是赌价格下跌。微观层面确实有人通过“做空”盈利，危机爆发也是因为有人故意“做空”，但这些都是建立在已经有人“做多”（赌价格上涨）的基础上。实际上，宏观层面的“做空”是一个伪概念，打压价格不可能吸引全民投身炒作，毕竟绝大多数人都通过价格上涨才能获利。

毫无疑问，房地产具备这种可以暴涨的性质，而且是在短时间内。

与股票、期货相比，房地产在交易速度上确实不可能像股票、期货一样瞬间完成，相比之下更关键的是幅度和占用的资金量，幅度意味着盈利率，资金量则意味着盈利大小。一只股票翻倍再翻倍，一定会引起整个市场的关注，可到底参与人数是有限的。

楼市呢？楼市上涨具备普遍性，正常情况下，不可能同一个城市一个楼盘暴涨而另一个暴跌，不同楼盘的区别只在于涨幅。想一想，房产在全世界都是普通家庭的大额资产，全世界也没有人不希望自己住在大房子里，为了这个目标绝大多数人值得奋斗一生，又有哪只股票能做到这一点？

不仅仅是当前的社会资金存量，因为房贷的原因，房地产关系到的还有未来资金增量。如何把别人奋斗一生的财富，甚至是几代人奋斗的结果加上未来的奋斗全部尽入彀中？

没有什么比房地产更合适了。

刚需、改善、亲水社区、地铁房、学区房……这些名词听起来有一定道理，其实只跟钱有关系。有钱谁又愿意拼命，谁又不希望住得好一点……人们对房子的追求可有止境？更关键的，短时间内房子供给数量有限，尤其是特定地段的房子，比如小镇上的西门。

没有什么比房地产更适合作为金融工具了。金融危机开头不可能是房地产，却一定是金融危机的结尾。

卿本佳人，奈何做贼？

货币可以不足值吗

就在轩辕启恒想联手长孙、南门两大家族悄悄收购西门一带房产的时候，小镇突然发生了翻天覆地的变化，一个看起来不起眼的小革新改变了小镇的发展轨迹。

说起这个小革新的起因，是一台机器，是一个人的杰作，这个人就是曾经的修理匠太史弘贺。

我们曾提过，太史弘贺曾是小镇上的修理匠，醉心于收拾各种日晷、沙漏这样的东西，后来他的纺织厂发明了飞梭，织布效率变得特别高。飞梭只是解放了人们的双手，就有此奇效，如果能有一部机器推动飞梭，那生产效率岂不会达到仙佛之境?

相传上古有一部《奇门遁甲》，不用人力、畜力、水力就能获得动力，甚至御风而行。如果可以驱动织布机，岂不比人力飞梭要好上千百倍，要怎样才能做到?

太史弘贺冥思苦想，已经到了痴狂的地步，小镇上的人对此嗤之以鼻——不用人力、畜力、水力，难道机器可以凭空转起来，怎么可能?就连轩辕、长孙、南门这些朋友都觉得这样的想法太异想天开了，《奇门遁甲》只是一个传说，怎么能信以为真?太史弘贺丝毫不在乎身边人说什么，很长一段时间人们没有见到他了，也不知道他每天神神秘秘地搞什么名堂，就连纺织场都停止了运转。

轩辕家族的船队返航，轩辕启恒听说太史近况后很着急，棉布是船队利润最高的商品，下次出海定在三个月后，加上这次出海的三个月，太史弘贺半年正好能生产 5000 匹棉布。这三个月没任何动静，就算马上开始也只能生产 2500 匹，缺一半布料，镇上没有任何一家纺织场能有如此生产能力。这可如何是好?

没等轩辕启恒去找太史弘贺，他却主动找上了门，语气听起来像是说一件和自己无关的事："三个月后，你来我这里装货，你的船队这次可以装满棉布，一万匹。现在就可以把订金给我，如果到时候不能交货，双倍奉还，更重要的是，这次的定价比平时要便宜十分之一！"

太史弘贺看着目瞪口呆的轩辕启恒，神秘地笑了笑："你不知道，我自幼曾遇异人，授我《奇门遁甲》之术，如今自动运转的织布机已经造出来了，用这个机器效率能提高好几倍。"

眼前这个人是不是在开玩笑?看起来不像啊?轩辕启恒还在惊诧，太史弘贺的手已伸到眼前，下意识地二人在众人惊诧的目光中击掌为约。要知道按照小镇的规矩，击掌之后没有履约，太史弘贺要赔轩辕启恒一倍货款的！只有三个月，太史弘贺去哪里弄一万匹棉布，他疯了吗?

三个月后的一天傍晚，故意拖到晚上才来取货的轩辕启恒在太史的场区里看到了如山棉布，肯定不少于一万匹。太史弘贺既没有任何罗嗦的话语，也没有盛气凌人的气势，只是简单说："轩辕，点货吧。"

轩辕启恒看着眼前的棉布，又看了看太史弘贺身后的纺织场，与之前不同的是，纺织厂中树起了很多大烟囱，滚滚浓烟正从烟囱中冒出。

难道太史弘贺真懂《奇门遁甲》？太史弘贺看着一脸疑惑的轩辕启

恒，充满信心地说：“以后船队每次回来都可以装满棉布，我们有了自己的机器，生产能力已经足够供应你的船队，非但你的船队，我们足以供应小镇上所有的船队！”

“这《奇门遁甲》……”

太史弘贺看着一脸疑惑的朋友，用手指了指身后的烟囱，语气就像在说一件很平常的事：“哪有什么《奇门遁甲》，那是我逗你呢，不过是改进织布机，用蒸汽作为动力，再配上适当的传动装置，效率就比以前高多了。”

机械动力让小镇彻底脱胎换骨，此前因为棉布产量有限，即使出价最高的轩辕船队也只能满足一半运量，其他船队盈利自然也就更受限。远洋贸易一旦盈利受限，造船厂销售必然受到牵连，造船厂不可能造出更多船只，木材砍伐量也就随之下滑……

现在太史弘贺的纺织厂不但能满足“蓬莱号”船队，也可以供应其他船队，更有甚者，太史弘贺把飞梭的制造方法出售给了其他纺织厂。整个小镇的创造激情被彻底激发出来，有事可做，有钱可赚，谁又不想去创造呢?

经济运行确实如此，牵一发而动全身，一旦出现一项重大发明，将带动很多行业，也将改变整个社会的生产生活面貌。

发现蓬莱岛之前，华夏小镇只能满足最基本的衣食住行，后来出现了远洋船队、飞梭，如今机器不仅可以纺出棉布，还可以纺出薄如蝉翼的轻纱。无论蓬莱岛还是华夏小镇，谁又不喜欢这些好东西，谁又不想赚更多钱呢?

就在大家热火朝天的时候，问题马上出现了。

小镇上的情况是，只要投入就有钱赚，有多少钱就能赚多少钱，每个人都想投资，每个厂家都想增加生产能力。

钱在哪里？之前的方法自然是向银行借款，但包括南记银行在内，大家有多少存款才能借出多少钱，即使借光银行所有的钱也不能满足小镇上的投资需求。

没有钱，就这样眼睁睁等着积累资本吗？原本赚钱的速度可以更快的！怎么办？

能不能让银行发行银行券，比如银行只收到 1000 锭黄金，却可以借出 10000 锭黄金。小镇产出的棉纱、棉布在目光所及的世界可以卖到翻倍的价格，只要船队归来就可以归还借款，为何不让银行多发货币？

关于这个命题，在上官煦炎和南门亦菲之间爆发了一场激烈的争论，后来人们把这场争论称为“货币足值之争”。

双方的分歧很简单，上官煦炎认为：既然银行开出的汇票可以被视为现金，银行当然可以多开，有谁知道哪笔存单对应哪笔存款，双方根本就不是匹配的！即使银行发行汇票超过了重金属储备也没有问题，每天只要留足日常用度就可以，凭什么不能增发？实际上，上官煦炎的东门银行、西门婴隆的西门银行都已经这么做了。

这种做法遭到了南门亦菲的强烈反对，没有足够多的金属储备，超额发行汇票，这对储户来说就是欺骗！尽管每天来提款的储户有限，可一旦遇到集中提款的情况，该如何应对？没有这么多金银凭什么开这么多汇票？

上官煦炎对南门亦菲的质疑不屑一顾：既然银行经营货币，借贷就是最常见的业务，就算不超发汇票，钱都借出去了，如果真的遇到集中提款就能应付了吗？还不是一样拿不出钱来，最后关门大吉？

南门亦菲本不想跟随西门、东门两家，可到后来，就连轩辕启恒、太史弘贺、长孙东阳这些人都开始质疑南门亦菲。毕竟盈利机会就在眼前，如果从南门银行借不到钱，就只能去西门、东门这些机构去借，而这些机构恰恰是他们最不想打交道的，无奈之下南门亦菲只得同意。

既然银行汇票不再受贵金属储备的限制，立刻便有了足够的货币，小镇也发生了一场经济井喷：每个人都知道有钱就能赚到更多的钱，为何不去搏一把？在巨大的诱惑面前，使出浑身解数的不是某一个人，而是所有人被打了鸡血。

不会纺织可以造船，不会造船可以航海，这些都不会，还可以去银行拉存款、跑客户，纺织厂、造船厂、冶炼厂……无数厂家拔地而起，还有无数人开始学太史弘贺改进机器；小镇成了不夜城，每时每刻都有人在挥汗如雨、冥思苦想，海边成了不夜港，每时每刻都有船队扬帆远航……

人类生为万物之灵，天生就适合创造，人人皆可为尧舜。有了创造的机会，即使上官煦炎这样的人，又怎么会想到去炒房？

专题 3-4：

道德制高点与货币创造

无论美元、英镑还是人民币，当代纸币已经都没有黄金作为锚定，所有国家的货币都是虚值货币。当代人认为理所应当的事情在不足百年前看来仍旧是匪夷所思的，没有足额的金银（美元）储备怎么能增发纸币，这不是劫掠吗？

金银天生非货币，货币天生是金银。因为自身特性，金银成为人类货币，但从本质上讲，金银的货币属性同样是人为赋予的。人类可以赋予金银货币属性，同样可以赋予纸币货币属性，还可以赋予其他什么作为货币，比如比特币，只要人们信任比特币可以成为货币，那么比特币就可以在全世界范围内作为交易媒介存在。

关于这个问题，在历史上曾经发生过一场著名的争论。

反对发行不足值货币的人是约翰·洛克——《社会契约论》的作者。洛克被视为资产阶级时期最具影响力的思想家，影响力溯及美国《独立宣言》，伏尔泰、卢梭、休谟，甚至富兰克林都自称是他的学生，所以在这里我们把南门亦菲比喻成反对者。

洛克提出：天赋人权，人只受自然规律支配——在货币上，货币单位就是自然重量，所有货币必须足值。如果国王敢于拿自己的印鉴充当货币，或者在货币上减重，那么就是便宜了银行，这是绝不能被自然规律允许的！

在贵金属作为货币的时代，货币减重确实是一种残酷的剥削手段，但我们在这里要强调的是：一个国家经济起飞的基本条件是有充足的货币。

道理很简单，没有足够丰富的货币，即使有足够的创新能力、市场和劳动力，人们照样赚不到钱，经济也就不可能出现增长（稍后在“价格革命专题”中详述）。

不仅洛克，当时绝大多数社会精英乃至普通人都认为，货币发行必须有充足的金银储备，否则就是欺骗。尤其是洛克，他这位不折不扣的世界级伟人站在道德的制高点振臂一呼，这种货币意识被再次强化，直至成为不可打破的真理。

银行是否应该自行创造货币，在不同时期、不同历史条件下会有不同答案。

金融业从传统过渡到现代，最大的标志就是货币创造，即金融业能否自行创造货币。最初这个使命是由商业银行完成的，后来逐步由中央银行集中。

与洛克同时代的英国财政大臣威廉·朗兹看出了问题的关键，也率先阐述了货币创造的相关观点。遗憾的是，当时英国并没有采纳威廉·朗兹的建议，而是固执地坚持洛克的观点，造成了1696年的英国“货币停兑”，进而引发了一场社会动荡。

专题3–5:

价格革命

上个专题中我们提到，一个国家经济起飞的基本条件是有充足的货币，真实的历史将这段经济里程称为“价格革命”。

提到西欧中世纪，大家首先想到的大概是布鲁诺、伽利略、哥白尼这些被教廷迫害的科学家，整个中世纪则以黑暗闻名。中世纪的是是非非在此姑且不论，只说一件有意思的事：整个中世纪数百年间物价稳定得出奇，1500年前的两个世纪，燕麦、大麦、裸麦……整个西欧主要农产品价格几乎没有变过。

物价稳定是好事吗?

——是好事。因为今天既是昨天也是明天，生活预期极为稳定，几代人、十几代人的生活一成不变，人们不用担心通货膨胀，兜里的货币也不会贬值。从某种意义上说西欧封建制的城堡才是自给自足的小农经济，在城堡内部可以形成分工，进而形成封闭的经济循环，这才是孟子所谓的“小国寡民”。相比之下，中国的小农经济反而是社会经济循环、单一家庭乃至家族都不可能形成的完整分工。

——又不是好事。

因为物价几百年不变，与之对应的商品也好，生产要素也罢，基本就没有流动。换句话解释，没有流动就没有创新，几代人、十几代人的生活都被锁定在一个很小的城堡内，代际之间过着一样的生活，身份转化变得不可能。更糟糕的是，中世纪欧洲经历了令人闻风丧胆的黑死病，人口损失三分之一以上，所以中世纪对人类而言真的很恐怖。

价格数百年一动不动，封闭经济学模型中的稳态莫过于此。中世纪达到了经济学传说中的稳态，稳定固然稳定，然而无论个人还是社会，都无法向前更进一步。

那么，怎样才能让整个社会活起来呢？答案很简单，市场和利润。

天下熙熙皆为利来，天下攘攘皆为利往，有利润就能促进社会资源流动，有资源流动才有阶层流动。有利润就能促进社会进步。道理很简单，每一个企业、家庭、个人都能赚到钱，都能过上更好的日子，一代人自然比一代人更好。

那么，怎样才能让创新者赚到足够的钱呢？答案依然简单，要有创新，但单纯创新是不够的，还要有足够的货币。

如果把社会经济运行比作人类肌体，那么货币则可以比喻成人体内的血液，携带各种营养，调配各种资源。人类在血液供应不足的时候难以做剧烈运动，社会经济如果货币供应不足同样难以运转顺畅。

中世纪货币供应完全依靠金银开采能力，这个能力几乎相当于一个常数，没有足够的货币，有通天彻地之能也赚不到钱。

大航海发生在中世纪中后期，虽然远洋航海带来了巨大的利润，最初却没有形成规模化海外贸易，只是王室、贵族和少数探险家的游戏。社会资金就这么多，没有新增货币，探险很难向新兴的城镇富裕阶层普及。

毕竟有人赚到钱了，人们对财富的渴望被点燃，恰恰同时，新大陆贸易出现了新的趋向——带来了大量的金银。

由此，价格革命发生了！

所谓“价格革命”，其实很简单，说穿了就是涨价。

在1500年后的一百年里，法国、英国、德国等主要新兴西欧国家的物价平均上涨了两倍到三倍，其中涨幅最高的西班牙为四倍。这种物价上涨速度平均到一百年中其实并不多，年均只有2%—4%，充其量属于温和的通货膨胀。

物价上涨，给商人最直观的感受是赚钱了，赚钱更容易了。这时候不存在货币贬值概念（发行银行券也需要百分之百的贵金属储备），只要赚到的钱就是真金白银。不要说人见识短浅，没有战略眼光，对人类个体来说，最重要的事情就是获取生活资源，也就是赚钱。能不能真正赚钱，人们看的就是眼下。

价格革命发生的根本原因很简单，就是市场上金银大幅增加。

一则汞银混合提炼技术、排水机、鼓风炉日趋成熟，极大提高了白银产量，有学者指出：“1462—1530年间，中欧地区的银产量增加了五倍多。在1526—1535年间达到最大，每年生产近300万盎司，这个数字在19世纪都未曾达到。”

二则新大陆贸易及抢劫把金银集中到了西欧，1500年之后仅西班牙殖民者每年从美洲掠走黄金5500公斤，白银24万公斤。

贵金属以如此量级进入西欧，结果不言而喻——货币供应量倍增。即使以今天的眼光来看，1500年之后西欧贵金属流入数量也是天量货币增发，却只有温和的通货膨胀。

货币增发而无同等规模大通胀，为什么？

第一，首先归功于跨洋贸易和技术发展。工业革命在17—18世纪发轫，根本原因还是1500年之后科学基础不断增厚、技术创新不断涌现，只是没有达到工业革命的程度。今天人类知识体系框架就在价格革命时期形成，也就是五百年前：初等数学、生物学、医学、经济学、心理学等。当时创造了许多新兴行业，对普通人来说已经是天翻地覆的变化，您可能想象不到：高压锅在家庭得到普及，而高压锅原理与蒸汽机一致；这个时代发明了抽水马桶，后来英国颁布“公共卫生法令”规定：凡新建房屋、住宅必须辟有厕所、安装抽水马桶和存放垃圾的地方。

第二，温和的通货膨胀进一步刺激了技术革新和新兴行业。人类对越直观的刺激反应越大，经济领域什么对人类刺激最大？不是货币购买力，而是货币数量，白花花一堆金银。货币购买力越高，与之对应的赚钱就越难，怎么可能产生真正的刺激？赚的钱多就有动力创造，钱少就没动力创造，如果觉得赚到的钱都给封建领主交了地租，也就没人愿意创造了。

第三，温和的通货膨胀改变了社会财富分配结构。由于物价数百年处于稳态，中世纪封建领主的土地租赁类似于“永佃制”，地租百年不变。随着物价上升，封建领主的收入不断下降，封建领主作为一个阶层渐渐退出了历史舞台，史卷中常有领主为生计将女儿嫁给手工业者（农奴）的记载。相反，工场手工业者作为一个富裕阶层开始向新兴资产阶级跃迁。

如果对这段历史做一个总结，我们可以这样表述：价格革命打破了封建领主制经济的藩篱，促进了资源在整个西欧流动，促进了市场形成，进而极大地促进了生产和消费，最终改变了社会结构和人类生产方式。

第4章

天使与魔鬼

金融原罪

金融原罪是什么？就是金融本身——钱。

经济学的一个基本假设是资源稀缺。这其实不是假设，是现实。但世人皆有贪嗔痴疑慢，罪不在钱，而在于用钱的人，人的原罪才是金融的原罪。

很长一段时间，上官煦炎都是小镇上的明星人物，无论走到哪里都能收获羡慕的目光，身后都有人窃窃私语。他把轩辕祖宅改造成了一座雄伟的府邸，也是东门银行的总部，飞阁流丹，雕梁画柱。

上官煦炎确实是一个花花公子，凡事只讲最贵，不讲最好，衣食住行、吃穿用度只有一个标准，就是比南门、太史、轩辕、长孙这些家族更奢华，至于实用不实用，不是上官煦炎关心的事。

——南门姐妹是女孩子，有时候在某些细节上着重装饰。南门家里有个厕所，墙上挂着曼妙的轻纱，隔一段时间还会点一点熏香。这件事传到了上官的耳朵里，他立刻在家里装饰了所有厕所，不但墙壁轻罩纱笼，纱笼之外还站立着身挂香囊的侍女，随时都有熏香。

——太史弘贺为了展示自己的新产品——丝绸，在工厂门口两侧各挂了数十批丝绸，一时间成为小镇一道风景。上官煦炎看到后极其不满，为了显示自己更富有，买来绸缎挂在东门银行门口的路边，向外延伸数里仍有绸缎挂做幕，整条路成了一个锦绣长廊。

——更离谱的事还有很多，已经可以说是胡作非为了：用蜡烛做饭、用赤石脂作涂料刷墙、用花椒面泥厨房，要知道在小镇以外的地方花椒是极其珍贵的香料……

东门银行再赚钱，能比南记、太史、轩辕几个家族更赚钱吗？上官煦炎再有钱，能比南记、太史、轩辕家族更有钱吗？

答案是显而易见的。

上官煦炎所作所为刺痛了小镇人们的眼睛，他的一言一行大家都看在眼里，有人不禁发出了这样的感慨：没有道义，善于欺谩，行如犬彘却家势富足，这样的人应该尊显于世吗？他几年前还是一个落魄的人，甚至不如小镇上的普通人，凭什么没过几天就花天酒地？就因为开了一家银行吗？

银行确实有钱，可那些钱是我们的！莫非上官煦炎把我们的存款用来挥霍了？早就有人背地里议论，看在东门银行给出的利息确实比较高的份上，东门银行还是能源源不断地得到存款，谁也没把这事当真。

一旦开始怀疑，各种说法就不胫而走，嫉妒原本便是人类的天性之一。

消息的集散地还是小镇西门的茶馆，人们不仅在这里交易股票，还在这里交换各种信息。上官煦炎的一举一动早就成为人们的茶桌谈资，很长一段时间以来，人们只是对上官煦炎的所作所为不屑一顾，只是喜欢说一说这个蠢人又干了什么蠢事。直到有一天，一件毫不起眼的小事毁掉了上官煦炎和东门银行，也差一点毁掉了刚刚兴起的小镇。

有好事者突然发现，不知何种原因，上官家门口的锦绣长廊把绸缎给收起来了。其实不过是这几天上官煦炎不在家，家人觉得天气不好，随时准备收这么多丝绸太麻烦了，没有挂出来。

茶馆里的议论却变得五花八门：

——有人说，看起来东门银行开始缺钱，要把门口这些丝绸收起来卖掉？

——有人说，几天前看到上官煦炎拉了整整几大车东西赶往其他市镇的集市，好像是卖什么东西（上官煦炎每次出行都是带着几辆大车，车上装满了日常各种应用）；

——还有人说，东门银行现在好像开门晚、关门早了（上官煦炎不在家，伙计们乐得晚到早走）……

说者无心，听者有意。

如果东门银行真到了把门口的丝绸卖掉，装了几大车东西去其他市镇的集市换钱的地步，说明来资金链已经非常紧张。

如果东门银行资金链紧张，我们的存款怎么办？

不知从什么时候起，东门银行开始顾客盈门——不是来存款，都是来取款！

与收益率相比，人类显然更关心资金安全性：一旦看到风险，所有人都会选择立即出逃。所以，在某种程度上所谓“风险—收益”配比可能是一个伪命题。

更多消息不胫而走，有人信誓旦旦地说：上官煦炎挪用了大量存款，钱都被他挥霍一空，东门银行如今只剩一个空架子，很快就无法兑付存款了！大家要尽快把存在东门银行的钱取出来，这事千万别告诉别人，你先取出来再说……

蓬莱泡沫的时候人们曾经聚集在轩辕祖宅门前，如今轩辕祖宅变成了东门银行，这一幕再次上演：东门银行一下变得人声鼎沸，人们再次潮水般涌来，还是那样簇拥着、号叫着、挣扎着，试图冲过那道富丽堂皇的大门，有人鞋子被挤掉了还尚不自知……

各家银行发行的汇票数量超过了库存金银，这已经是一个公开的秘密。换句话说，即使发行汇票数量没有超过金银储备总量，银行库存的金银也不可能足额兑付所有存单。银行的本质是经营货币生意，储户把钱借给银行、银行又把钱借给贷款者，贷款者的利息要涵盖银行给储户的利息和经营成本。

所以，只要银行存在，任何时候储户集中在同一时间提取存款都一定会出问题，这就是金融风暴中最可怕的事件——银行挤兑。

挤兑发生的时候，上官煦炎正在百里之外的一个小镇上花天酒地。来到这里已经好几天了，开始上官煦炎直接选择了无视这个消息，等到第二波人来传递消息的时候事态已经一发不可收拾，上官煦炎急匆匆赶回了小镇。

上官煦炎这种人肯定不会自责，他只是奇怪，为什么这种倒霉的事总会发生在自己身上？为了赚钱，银行都必须把大部分存款借出去；就算我自己不用这些钱，同一时间储户挤兑存款，怎么可能有充足的存款？包括南记在内，哪家银行能禁得起这样折腾，只要出了这样的事，哪家银行不得黄了？

虽然没有自责，上官煦炎倒是做出一个正确的决定：不能回到东门银行，门口嘈杂的人群真会撕了他，当年有多羡慕自己，如今对自己就有多疯狂。

专题 4-1：

金融与生俱来的脆弱性

武侠剧中的大 BOSS 一般都会有一个软肋，一旦大 BOSS 被击中软肋，主人公就能以弱胜强。

把金融机构比喻成反面大 BOSS 不一定恰当，但金融机构的软肋的确存在。全世界任何地方的金融机构都是资产量最大的企业之一，金融巨无霸的软肋也非常明显——它们是世界上杠杆最高的行业，也是世界上负债率最高的行业。任何一个时点、任何一个金融行业，如同一时间要求兑付负债，结果一定是灾难性的。

从古至今，金融主要是靠借钱做生意的行当，即使当代商业银行按照《巴塞尔协议》自有资本金也不过 8%。中国有句俗话说“八个坛子七个盖”，这句话放到银行应该说是“八个坛子两个盖”，这种特定的性质被称为“金融脆弱性”（Financial fragility），有时也被称为“金融内在脆弱性”，无法避免。

每天都有人来银行存款、取钱，一般来说，存款者不会同时取钱，银行就会出现一个资金池。这个资金池便是银行经营的资金主要来源（尽管银行也有资本金），银行再把这些钱借出去收回利息，正常情况下资金循环肯定是滚雪球，越来越大，银行债务不会收缩。

问题的关键在于，任何一个经济体都不可能总处在繁荣时期，一定有萧条期。繁荣时期企业的收入超过负债本息，贷款给这批企业是安全的（抵补性的借款企业，Hedge—Financed Firm）。繁荣到达巅峰的时候盈利机会渐渐减少，在某一段时间企业盈利并不能归还本息（投机性的借款企业，Speculative—Financed Firm），部分靠借款归还本息，只要不强行抽贷也可以平安无事。在萧条来临之前，企业收入无法涵盖本息，就得靠银行贷款维持资金流，此时就蜕变为庞氏企业（Ponzi Firm），如果长时间没有改变，任何一次冲击都有可能导致全局性崩盘。

经济循环从繁荣进入萧条，抵补型企业便会逐渐消失，取而代之的是投机性企业甚至是庞氏企业。对金融业来说，“金融脆弱性”与生俱来，时时刻刻都存在，当贷款企业蜕变为庞氏企业，与银行的业务便是一种资金游戏：谁能借到更多的钱，谁就能生存下来。这种资金循环的迷惑性在于，萧条期的庞氏企业一旦渡过难关，还能恢复成投机性企业和抵补性企业；只有投机性企业或者庞氏企业资金链断裂，风险才会暴露，才可能引起危机。

一两家庞氏企业也就罢了，如果多数企业都是投机性企业和庞氏企业，银行的资金池便会萎缩。繁荣再度降临之前资金池如果稍显败象，就会触发金融危机，通俗地说就是“八个坛子两个盖”，到最后总有“坛子”占住“盖子”，倒腾不过来了。

与古老的银行相比，现代的金融市场，无论股市、期市、汇市还是房地产市场，归根结底都是利用杠杆赚钱，是扩大版的“金融脆弱性”。无论市场暴跌，不同市场交错影响，还是其他什么风险事件，一旦触发事件使得资金链断裂，就会推倒金融多米诺骨牌，造成全局性危机。

因为“金融脆弱性”的存在，金融业难以破解危机魔咒，金融危机也将随着“繁荣—萧条”周而复始地出现。

专题 4-2：

关于财富心理学的一点探讨

财富心理学不是金融史的范畴，但正是财富心理学基本原理推动人类社会不断走向前方，所以我们也会说一些财富心理学的东西。

财富心理学最基本的原则也是人性的基本原则，很简单：希望自己比别人过得好，人类所有的灾难与幸福都源于此。

财富有着极强的示范效应，财富先行者给人类造成的震撼比任何说教都强烈，生物本性说到底会驱使人类去追求同样量级的财富。天才造就的毁灭型创新可以赚遍全世界的钱，这毕竟是偶然事件，之后驱动人类前进的便是财富心理学的模仿心态，千万不要低估人类通过模仿创造财富的能力，人世间绝大多数财富都是通过模仿创造的。

世间万事万物阴阳相济，财富示范某种条件下会带来负面效应。致富路径千万条，如果财富先行者不去创造财富而是抢夺财富，这样的路径同样会被人模仿。无论欺诈、暴力、封建权力还是别的什么方法，只要能占有财富便会有人去做，有人去模仿。这种财富占有过程的本质是瓜分财富存量而非创造财富增量，整个社会便会丧失财富创造能力，停滞甚至倒退。

在我们的小镇故事里上官煦炎炫富，他能够占有财富的根本原因是存款高回报。然而，上官煦炎不懂得什么是财富，他占有的财富刺痛了人们的眼睛，一人冠冕，万户涕泪。其实，金融从来都没有罪恶，罪恶只在于运用金融工具的人。

风，起于青萍之末

这是小镇银行业第一次挤兑，整个小镇对此造成的后果没有一点判断。东门银行还在营业，只是被围得水泄不通，柜台里的伙计被告知，办业务慢一点、慢一点、再慢一点，这样可以拖延一点时间。

此时的上官煦炎已经回到华夏小镇，他没有回东门银行，却跑到了西门银行，找西门婴隆和东门嘉运商议对策。上官煦炎坚定地认为，自己驳过南门亦菲的面子，南门姐妹跟轩辕启恒关系非常好，轩辕启恒跟自己是敌人啊！就算是看着轩辕启恒的面子，南门姐妹也不会拉一把。

让上官煦炎大吃一惊的是，此时西门银行也已顾客盈门，当然，都是来提取存款的人。虽然没到东门银行那种水泄不通的地步，也颇为壮观。人们三三两两在西门银行门口小声聊着什么，要么面色神秘，要么表情凝重，要么一脸茫然，隔着车窗他隐隐听到几个取到钱的人在议论：

“昨天东门银行还能取出钱来，今天据说已经关门大吉了，金银都被上官煦炎这个畜生挥霍了，现在东门银行拿不出一钱银子。我早就知道姓上官的会有今天，他原来不就是一个混混吗？凭什么穿金戴银！活该，人们砸了东门银行才好。”

“东门银行、西门银行本就是一家，东门银行既然名字里有‘东门’，东门嘉运一定是幕后的大老板，不然怎么能让他用‘东门’的牌子！上官煦炎也就是个前面主事的，东门银行这样，西门银行能好得了吗？”

“他们这群搞银行的人不都是这样吗？拿着我们的血汗钱挥霍享受，钱已经到了人家手里，我们有啥办法？我们为了那点利息，人家却惦着我们本钱。换了我也一样，有了钱，管他谁的，先享受了再说！银行要不是倒腾钱的，哪家舍得这么挥霍，在最好的地方建总部，连伙计收入都高出外人一大截！不是自己的钱，花着不心疼啊！”

大家对说这些话的人频频点头，越说越离谱……

“对，东门和西门肯定是一家。”“上官、东门、西门这些人本来就穿一条裤子。”“谁知道他们背地里挥霍了多少，先把我们的钱取出来，还是放到自己家里最安全！”“这些家伙本来就是一丘之貉，等取不到钱的时候，看大家怎么跟他们拼命吧！”“上官只是明面上，西门、东门两个人历来阴着做事，谁知道他们干了什么？”

……

生物的本性是恐惧风险，遇到风险便逃之夭夭。眼前的人们在对话中不断强化着某种意识——无论东门银行还是西门银行，马上就要完了！与东门银行还在继续营业相比，人们更愿意相信所说的才是事实。每当有人抛出更严重的问题，或者某种东门西门之间有联系的证据，都会有人大声喝彩。

在人们嘴里，东门银行倒闭了不算，西门银行变成了和东门银行一家，西门银行也将马上步其后尘。上官煦炎本来是希望西门婴隆拉他一把，却没想到自己早就把西门银行拉下了水，如果西门都不能救自己，这个世界上就没有人能救自己了！

眼前这些人七嘴八舌之间就断掉了他求生的稻草，上官煦炎真想冲出去大吼：胡说八道，你们完全胡说八道！东门银行今天还在营业，只要排到柜台前面还是能取出现银的。你们什么都不知道，就在这里说东门、西门本是一家，西门早晚关闭，我们关门对你们有什么好处，不还是一样取不到钱？

不过，上官煦炎也知道，跳出去与门口这些人辩论不会有好的结果。人们不但不会信他，反而有可能把他暴打一顿，那一双双通红的眼睛中只能看到无尽的暴戾。何况，照现在的情形，恐怕东门银行确实支撑不了几天了。

踌躇之间，突然路口斜刺里冲出一个人，把一位刚刚离开西门银行的人手中的包袱掳走了。那个人的包袱沉甸甸的，一看就是刚从西门银行取的钱。

小镇历来是一个安详之地，极少有暴力事件发生。当抢劫犯只剩下一个背影，被抢的人这才反应过来，发出一声撕心裂肺的惨叫——我的钱啊……有人抢了我的钱啊！这时周边的人才意识到有人被抢了，纷纷对着背影追去。然而，抢劫犯跨上一匹早就准备好的骏马，绝尘而去！

上官煦炎目睹了整个抢劫过程，心中不但没有恐惧，反而暗自有点开心。这帮取钱的人听风就是雨，偏偏这种谣言最能蛊惑人心。平白无故凑热闹来取钱，这下好了，被抢了，钱也没了，让你再来挤兑取钱！

要怎样向西门婴隆、东门嘉运开口？上官煦炎在西门银行附近琢磨了一整天，也没想到方法。让他没想到的是，一天之内西门银行门口发生了七起抢劫案——专门抢从西门银行取存款的人。聚集在西门银行门口的人立刻有了恐慌，如果出门就被人抢劫，这现金现银还能取吗？

傍晚时分，上官煦炎才见到西门婴隆和东门嘉运，看着这位不速之客，西门、东门自然没有什么好脸色。城门失火，殃及池鱼。人群挤兑东门银行才波及西门银行，何况上官还给自己的银行取名“东门”，现在看起来倒像是有意为之。

如此，东门、西门二位对上官煦炎的态度可想而知，至于来意二人更是早就明白。东门嘉运没等上官煦炎开口就说：“上官，你为什么要用我们东门家族的名字冠名银行？东门家族可有人在你们银行占一股？如今连西门银行也跟着被挤兑，你说这事怎么办吧？”

这些问题早在意料之中，事到临头，上官煦炎还是没想好怎么回答，看着上官煦炎嗫嚅的样子，西门马上就想发作，把眼前这个讨厌的人赶出去。

上官煦炎心彻底凉了，之前是多么惬意的生活啊，就这么失去了吗？想到周围人们那鄙夷的目光和冷言冷语，上官煦炎不寒而栗。

突然灵光一现，上官煦炎自己都不知道为什么，突然冒出一句：“我不是来借钱的，东门银行应该还能撑几天。能不能请你们安排人去我门口也做几次同样的事，让这帮人有点畏惧，您看……”

听到这话，本来怒气冲天的西门和东门两人同时愣在当场，明显没有了刚才的盛怒。西门的口气立刻缓和了许多：“上官君，你的话我不明白，什么叫‘在你门口也安排几次’？”

看到眼前二人的表情，上官煦炎立刻全明白了，表情神秘地说：“照现在的情况下去，东门银行迟早会拿不出钱来，在我们门口也安排几次抢劫取款人，就没人敢来取钱了……”

即使在蓬莱泡沫最癫狂的时候，小镇秩序也没有如此纷乱，起码那时候没有暴力事件。上官煦炎拜访西门银行后，东门银行门口也发生了多起暴力抢劫案件。然而，对财富安全的渴望终究还是战胜了对暴力的恐惧，人们继续纷纷向银行门口涌来，拖家带口，壮丁全部上阵，还带着武器。

既然借不到钱，抢劫暴力威慑又不起作用，上官煦炎要起了无赖：不再兑付存款——这样下去东门银行将一点存银都剩不下，早一天晚一天的问题。既然如此，当然是关门大吉最好，起码能给自己留下一些钱。

东门银行做出如此选择，人们马上就意识到，不出意外西门银行肯定步其后尘。不仅西门和东门两家银行，看起来小镇上所有的银行都将选择停兑，其中也包括南记银行。银行用我们的钱去赚更多的钱，把我们的钱借给更有钱的人，一旦出了风险又把烂摊子甩给我们——凭什么总是他们赚钱，我们吃亏?

逃避风险是人类的本能，小镇上所有银行的门口都逐渐热闹起来，人们成群结队来取钱。

满城风雨中，南记银行是最特别的一家，南门亦菲、亦潼姐妹好像没有感受到任何压力。面对气势汹汹的挤兑者，这对姐妹花始终笑靥如花，以至于人们一看到这对姐妹心里就安稳了好多。

人们确实发现南记银行与东门银行、西门银行不同。

——因为多次发生抢劫案，来银行取钱的人都非常警觉，生怕自己成为下一个目标，人们成群结队，东盼西顾。南记银行门口却丝毫没有紧张的气氛，因为四处都是镖师——据说，南记特意从临近市镇上请来的，只要进入南记银行附近，就一定是安全的（这些镖师的存在无疑保护了人们的安全，当然也延缓了人们进入银行的速度）。

——面对挤提的人群，东门、西门两家银行的柜台被加高，栏杆被加粗，生怕人们挤进来。南记银行不一样，柜台高度变化同样很大——上面堆满了金银，每用完一层金银马上又堆上去一层，以至于伙计只能在高高的两堆金银中间露出半脸来。

柜台上的金银闪动，人们仿佛看到一种悲悯祥和的光芒，那种感觉有点像传说中的神光。“神光”照耀之下躁动的人群无疑得到了安抚——传闻南记是经营最稳健的银行，南门亦菲也是最早反对发行虚值货币的人。看起来南记银行存银充足，今天取不到可以明天取，明天取不到可以后天再来，金银放在家中既要防贼又不能生息，干吗要取回去呢?

金银摆上柜台，大厅嘈杂声虽然小了很多，还是有人在窃窃私语:

——东门银行开始也兑付存款，这才几天就关门上板，西门银行能撑几天根本不知道!

——东门西门也好，南记也罢，都是一丘之貉!把钱放在柜台上，摆出这份架势无非就想告诉我们有钱，想靠这招儿来骗我们?

——管他呢，咱们先取出来再说，钱在自己手里总不会吃亏吧!

浪，没于心安之间

谁也没有想到，西门银行刚刚发生挤兑就关门上板。

从道理上说，西门银行的经营比东门银行好很多，西门和东门二人还算谨慎，东门银行还扛了五天，西门银行应该能扛更长时间。

结果是西门婴隆和东门嘉运毫不犹豫地选择了停兑，对外宣称等待贷款户偿还金银，实际上就是单纯不想兑付金银。西门婴隆和东门嘉运这样安慰自己：既然早晚都要关门，又何必强撑，多给自己留下一点金银不好吗？

人们围在了西门银行门口，找了所有能找的地方，没有找到西门婴隆和东门嘉运。愤怒的人群自然而然就想到了南记，南记银行尽管看起来很好，又是安排镖师保护取款人，又是在柜台码放了很多金银。可是，既然西门、东门两家银行都已经关门上板，南记为什么不会做出同样的选择？所有银行开出的汇票都超过了金银储备，就算南门姐妹真心兑付存款，能保证南记不倒下吗？

清晨，南记银行门口早早围满了取款的人。

距离开门还有一个时辰，人群已经开始骚动，南记非常讲究，每天开门前一个时辰就会有伙计把银行周边打扫得一尘不染。今天很奇怪，南记银行大门紧闭，没有一个伙计出门打扫卫生，甚至没见一个人走进南记银行。

莫非南记银行选择了停兑，南门姐妹也跑路了？

时间一分一秒地过去，耐心被一点点耗尽。人群从窃窃私语变成骚动，有人大声喧哗，有人咬牙切齿，有人抢上前去拍打南记银行的大门，更多的人则在后推搡……

就在局面有些失控的时候，远处奔来一条长长的车队，车队前进的速度很慢，每辆马车的车辙印迹都很深，显然车上装着沉重的东西。人们看清了，是南记的车队，车队鱼贯而行，停在南门银行大门之前。

看着车队上脸色凝重的伙计们，人群嗡嗡的嘈杂声小了许多，到底运来了什么，能带来转机吗？

距离开门的时间还有半个时辰左右，伙计们没有像往常一样打扫门庭，而是急匆匆把箱子搬进大门。车上的箱子不多，也都不大，只不过每一个箱子都需要几个壮小伙子才能抬动，从伙计们艰难的步伐中可以判断，箱子里的东西比预想的还要沉重许多。有人试图上前打探箱子里装的是什么，也有人想借帮忙之际试一试箱子的重量，伙计们却个个一言不发，都不理睬。

南记的这个清晨很忙碌，也很安静。人群完全没了刚才的嘈杂，大家默默地看着伙计们搬运箱子，没有一点声息。

箱子快要搬运完毕的时候，突然，一个伙计脚底一滑，踉踉跄跄摔倒在地，抬着的箱子自然也跟着重重摔在地上。

“黄金！白银！”有人惊呼起来。

沉重的箱子被摔裂了，露出了黄澄澄的黄金和白花花的银子——原来这是一箱金银！

车队共有二十辆，如果每辆车上都装着黄金白银，那将是怎样一个数量?

没有看到金银的人们纷纷想挤到前面来，摔倒的伙计却惊慌失色，连忙起身收拾那箱金银，像是生怕别人看到。车队附近的镖师也迅速围拢过来，阻挡了人们的视线。在人们啧啧声中，几个伙计踩着沉重的步伐抬着摔碎的箱子匆匆走进了大门。

南记银行又准时开门了，虽然门窗不如往日明亮，柜台上那堆积如山的金银却格外耀眼！真的很奇怪，人们不再窃窃私语，有人安静地排队等待，有人悄悄离开了南记。人们只是奇怪，挤兑以来的日子南门姐妹一直守在银行，今天却没有见到。

日上三竿，南门姐妹才出现在南记的大门前，不但南门姐妹来了，同来的还有轩辕启恒、太史弘贺、长孙东阳，以及很多他们的朋友。除了南门姐妹，每个人都或多或少带着沉重的行李，而且无一例外都加入了挤兑的队伍之中。

平日里这些人哪怕见一个都很难，如今却齐聚在这里，人们奇怪地看着他们。这几人之间既没有交谈，也没有与大厅里的人寒暄，互相间只以目光或点头示意。

就连他们也要取钱吗？很快，人们知道了答案，恰恰相反，他们是来存钱的，每个人随身的箱子里都装满了金银！

别人明明是在挤兑金银，小镇上最富有的一批人却来南记存放金银！如果仅仅是清晨的二十车金银，钱再多也有取完的时候。但是，如果小镇上最富有的人始终如一地支持南记银行，南记银行的金银怎么会枯竭?

接近傍晚的时候，大厅只剩下稀稀疏疏的几个人，完全没有了紧张的气氛。夕阳的余晖穿透窗棂，把空气中飘浮的扬尘照得一清二楚，大厅里的顾客已经不多，人们变得慵懒起来，有人斜歪在椅子上开始打瞌睡。

不知什么时候，很多人鱼贯而入，原本已经平静的南记银行突然又变得嘈杂起来，原本瞌睡的人一跃而起，不知道又发生了什么事情。

确实有事情发生，不知什么时候南记银行里多出了几个操着外地口音的人，他们趾高气扬，不可一世，一进门就大呼小叫。其中一个手里拿着一大把汇票，“啪”地一声摔在了柜台上：“南门掌柜，我们是特地从外地赶过来的！别的话不说了，您给取五千镒黄金，或者五万镒白银也可以。”

五千镒黄金，或者五万镒白银！

这里先要告诉大家“镒”的概念：在中国古代，黄金白银的兑换比例大部分时间是一比十，清朝末年才变为一比二十；在古代，黄金白银是富人用的东西，普通人只能用制钱。对普通家庭来说，白银数镒、黄金数钱就已经是很大一笔财富了。正如此时的小镇，除了几家后起之秀，从来没听说谁家有如此豪富。

人们惊诧地看着眼前这几个外地人，看着他们目中无人地坐在柜台前面，看着他们盛气凌人地看着柜台里的人。

南记有个规矩，傍晚关门上板前，南门姐妹或者大班都会亲自在柜台当班，一则为了抽查盘库，二则让顾客有一个亲切的印象。此时，当班的人恰好是南门亦菲，听到柜台外面的人报出“五千镒黄金、五万镒白银”，南门亦菲脸上丝毫没有动容，只是淡然地接过汇票清点。

“你们终于来了！”南门亦菲心中虽然这样想，脸上却只是微微一笑，“这个数字的金银额度太大，带几位先生去库房吧。”

在这个时间，这个地点，在场所有人都认为几个外地人来者不善，故意找事。不要说经历了一天挤兑，就在平时一家银行也不可能有这么多金银，偏偏在关门的时候要取这么多黄金！

南门亦菲走出柜台，无论表情还是步履，都跟平时一样，显得十分轻松。一个外乡人突然喊道：“南记要在库房兑换，我们是外乡人，本镇的老少乡亲们，大家都去给做个见证啊，如果到了地方又不兑付，还请老少爷们儿做主啊！”

对多数人来说，有机会目睹财富当然不会放过，何况这是一个南记银行的大考，如果这都能兑付，咱那点钱又算什么？大厅里的人没有任何犹豫，鱼贯而出，跟着南门亦菲和几个外地人来到后院的库房。

南记银行的院子很大，足足有十几亩，院子的中央有六间青砖瓦房，掩映在一片苍松翠柏中。这几间平房没有任何装饰，甚至没有窗子，犹如雕塑一般矗立在那里，就这样几间普通的房子竟然让人有一种仰视的感觉。

“打开库房。”南门亦菲的话简短而有力，有两个伙计什么都没说，接过南门亦菲递过来的两把钥匙，打开了一间仓库大门上的两把锁头。仓库里面黑洞洞的，不知放着什么，伙计们进入门内点亮油灯，于是人们可以从门外一窥究竟。

昏黄的油灯下，人们看到房间中的货架上摆满了箱子，每搬出一个箱子，都是一箱五百镒的黄金。房间有十个货架，每个货架有五个箱子。也就是说，如果每个箱子是五百镒黄金，仅这个房间就有两万五千镒黄金！

人们知道南记银行豪富，做梦也想不到竟然到了如此地步！眼前的景象让所有人目瞪口呆，原本房间里散发着一种不透风的霉味，大家竟然感受成一种久藏玄冥的气息。

有人惊讶地发现，这间仓库里搬出来的十个箱子跟早晨运进来的箱子样式不一样。相比之下这些箱子古香古色，有的上面盖了一层灰，好像很久没擦拭了。清点黄金的时候，更有人惊异地发现箱子上的封条赫然写着三年前的日子。

难道这些黄金三年都没动过了，如果三年都没动过这些黄金，南记到底存有多少金银？就算其他库房存的是白银，五间库房也应该有十多万镒白银。何况今天清晨摔开的箱子里明明是黄金，现在就没有见到那种箱子，自然眼前这些黄金不是早晨运来的，其他库房一定还有黄金。

“几位先生，您取的数额如此巨大，就取黄金如何？”明明还是南门亦菲在说话，还是那个轻柔的嗓音，还是那个淡定的身影，眼前所有人却感觉到了一种让人心生崇敬的气场。

说完，南门亦菲站在箱子旁等着来人点验。

习习晚风吹来，已经有些微凉，奇异的是，人们却只感觉到来自库房中的气息，神秘、古朴、沧桑，带着一种奇异的安全感。

外乡人带着十箱金银远去了，最后一抹夕阳也消失在马车后的扬尘中，南门亦菲长出了一口气……

深夜，长孙东阳家却异常热闹，轩辕启恒、太史弘贺和南门姐妹相聚在这里，大家你看看我，我看看你，人人有一种劫后余生的感觉。

“这波风暴就算过去了吗？”南门亦菲心有余悸地说。

清晨摔在地上的那箱黄金是几十辆大车上唯一一箱黄金，六间库房也只有那间被打开的存有黄金，整个南记银行总共也只有五千镒黄金，就这还是轩辕、长孙、太史几家才凑出来的。

今天的这一切都事先彩排，傍晚那几个外地人则是轩辕启恒在其他市镇的朋友，取钱的马车兜了个圈子，已经把钱运回南记库房。

“过去？还早着呢！”长孙东阳摇了摇头，“西门、东门两家银行已经关门，不知何时能够恢复，他们牵扯到多少家庭、多少商铺、多少工厂。只要银行没有恢复，人们的财富就会化为泡影，小镇就会有种莫名其妙、丧失理智、毫无根据的恐惧。我们……我们必须有所作为。”

南门姐妹不解地看向长孙东阳："如果不是上官煦炎恣意妄为，银钱业怎么会有这样的劫难？他们惹下滔天大祸，莫非我们还要救他们？"

长孙东阳再次摇了摇头："太史家的纺织厂工人最多，也就一两千人，银钱业却涉及小镇上的所有人家，一家银行就此凭空消失，不知多少人多年的奋斗就此蒸发。接下来就是整个小镇支付能力下降，银行汇票不再被人接受，商铺、工厂枯萎，农场产品找不到销路，千家万户的积蓄付之东流。可是，我们明明没有遭受什么天灾！"

这种场景很可怕，短短几天大家已经亲历到小镇开始萧条，非止如此，商铺工厂一旦大批关门，人们就面临生计问题。可是，长孙东阳说得对啊，明明小镇没有遭受什么天灾，富足的情景曾经近在咫尺，小镇还是那个小镇，甚至连一匹布、一屯粮食都不曾减少，富足的生活就悄然离去，到底是怎么回事？

"上官煦炎太贪得无厌了。"轩辕启恒捶了一下桌子，"他胡作非为，让人们对银行完全丧失了信心。今天的情况决不能继续下去，没有银行我们的生意也做不大，小镇也不可能这么富足。"

"没有人希望当前的情况继续下去。"长孙东阳的表情再次庄严起来，"银行的特殊之处在于，这是一个经营货币的行业，必须制止有人把存款当作本金使用。上官煦炎炫耀财富碾压别人尊严，难怪会发生挤兑这样的事。没有别的办法，银行业一定要严格监督，必须把恶魔关进笼子里！我们不是为了救西门和东门，更不是为了救上官，我们的目标是保证小镇长治久安，为了小镇上的所有人！"

这些道理大家隐约都明白，没有人希望小镇就此萧条，可怎样才能重建小镇原有的一切呢？

专题 4–3：

银行挤兑案例及其原理

金融学或者说经济学有件很有意思的事，明明一句话就可以说清楚，非要用很多计量模型表述，并将其称之为“科学化”。银行挤兑的研究可谓汗牛充栋，设计了很多模型，例如戴蒙德·迪布维格挤兑模型等，运用了很多数理方法，例如博弈论中的纳什均衡等，这些方法和模型很复杂，复杂到一看就有想睡觉的冲动。

当然，我们不会否定这些成果的科学性，只不过希望给出简单易懂的结论：为什么会产生银行挤兑？

答案很简单，也很人性化，那就是恐惧，对失去财富的恐惧。让人类把属于自己的金钱交给别人保管，这违反人类不信任他人的本性。一旦某种因素触发人类心底最柔弱的地方，人类总是相信最恐怖的结局，挤兑就会发生。

殊不知正是恐惧自身才造成了最糟糕的结局，从商业银行诞生第一天起这种魔咒就如影随形，从英格兰银行到美国第一银行、第二银行，从清末的中国通商银行到北洋年间的中交两行，强者都是从梦魇中走出来的。

相比复杂的经济学模型，真实案例更加通俗易懂，也更加刺目。让我们来看一看中国历史上第一次银行挤兑吧，真实的历史远比故事精彩。

金融挤兑案例可以上溯到北宋年间的交子，票号、钱庄都发生过挤兑，其中最著名的当属红顶商人胡雪岩“阜康钱庄”挤兑案，至于商业银行挤兑第一案则是清朝光绪二十九年（1903 年）中国通商银行发生的事情。

中国通商银行是中国历史上第一家现代意义的华资商业银行，创建者为盛宣怀，总部设在上海，即通商银行沪行。这里要特别强调一下，通商银行和汇丰关系密切，通商银行制度比照汇丰银行，各级管理者多为英国人，两家银行业务往来密切。

光绪二十九年春二月四日，黄浦江畔的通商银行沪行开门营业，一切如常。上午早些时候，一位钱庄的客户来兑换一张5元（5块银圆，大清银币）的银行券，可当班的洋经理和伙计都认为这是一张假币。

在没有出现中央银行的时代，各家商业银行都可以发行银行券，商业银行经常突破储备多发银行券。无论是否增发，维持银行券流通的一个关键因素是不能出现假币，否则经营将无以为继。

这位洋当班不太通情理，清末银行和钱庄同属银钱业，大家往来很多，一般都会给对方容错的面子。出现假币的事很重要，应该谋定而后动，洋当班却直接把钱庄的人扭送到租界巡捕房。清晨正是钱庄和银行之间业务往来最多的时间，洋当班招呼巡捕在营业大厅下手抓人，整个过程被其他几家钱庄的伙计看了个正着，于是……

在银行和钱庄的竞争中，钱庄本就处于弱势，需要借助银行才能放款，看到通商银行出现了假币，幸灾乐祸的心情是难免的。在没有互联网的时代（已经有电话），谣言满天飞，不知怎么就传出了这样的话：通商银行假币泛滥，一旦收到假币再去兑换，通商银行即扭送官府。

通商银行出现假币，如果钱庄都不能分辨，普通人又凭什么辨别真假？如此，谁会收兑通商银行银行券？果不其然，下午的时候，沪上十几家钱庄相约，不再收通商银行发行的银行券。

如此一来通商银行的银行券在市场上可接受程度便大打折扣，原本人们可以去通商银行营业点去兑换，但大家同一时间去取钱，所谓的挤兑就产生了。

市场历来都洞若观火，也能抓住一切盈利机会。有人担心去通商银行取不到钱，有人不想去裹乱凑热闹，必然就有人钻这个空子。二月四日下午，市面上出现了九折收兑通商银行银行券的生意，第二天折扣降到了七五折。通商银行官督商办，背景很硬，他们对投机分子从来是看不上眼的，对这些消息选择了熟视无睹……

二月五日一开门，通商银行沪行就遭到了挤兑，大批人群聚集在门口要求将银行券兑换成金银。在挤兑的人群中绝大部分都是通商银行发行的银行券，也有个别人拿着 5 元、10 元的假钞来兑换。这次通商银行的处置有了进步：还是拒不兑付，但也说让来人等甄别之后再行兑付。

一种合理推测是部分持票人可能也是受害者，不一定知道手中拿的是假币，兑付不到银圆当然会和银行方面发生冲突。于是，通商银行再出臭棋，请巡捕房抓走了很多人。

通商银行沪行实力雄厚，又是总行所在地，断不至于一天挤兑也顶不下来。然而，通商银行的强硬态度使得人们信心尽失，加之巡捕的出现，就更让人怀疑通商银行已经无法兑付现银，只是凭着背景强行弹压。

结果可想而知，无论封建权力有多大，都挡不住人们对财富的渴望，何况这些财富本来就属于自己。

一夜之间通商银行不能兑付的事就传遍了黄浦江两岸，二月六日，通商银行被围了个水泄不通，所有人都向里挤，希望能取回自己的钱。面对这种场面，巡捕赶到也无法控制局面了，加之有人故意捣乱，失窃、挤伤、走失孩子的事情纷纷上演，简直就是一场城市骚乱。

就在通商银行沪行岌岌可危的时候，盛氏家族拿出了自己的魄力，出资 110 万银圆，再向汇丰银行借款 70 万银圆，这些现金全部运抵沪行。于是，我们看到了小镇南记银行发生的那些事——在柜台上堆满银圆，又故意摔开箱子让人们看到整箱的银圆。甚至为了避免争吵，即使假币只要面值不大通商银行也照样兑付。

更重要的是，通商银行付出了极大成本，请汇丰银行协同兑付通商银行银行券。也就是说，除了通商银行的营业网点，通商银行银行券还可以在汇丰银行兑换成真金白银。汇丰银行大家都知道，在清末民初是信誉最高的银行之一。

处置银行挤兑必须快刀斩乱麻，以最快的速度给市场以信心。当时处置通商银行挤兑就是这样，100 多年前，以上这些事情是在二月六日一天之内完成的！果不其然，到了下午下班的时候，通商银行门口已经没有几个赶来兑付存款的人。

所有人都以为事端得到平息的时候……二月七日一上班，一个日本人就来到汇丰银行沪行，要求兑换 4000 元通商银行银行券。这 4000 元银行券全部是假币，此人大概认为汇丰银行不是发行，很容易骗过去。

汇丰的伙计一眼就识别出来这些全部是假币，但与通商银行不同，汇丰银行并没有叫巡捕把人抓走。而是一面通知巡捕房，一面兑付了部分假钞，然后理直气壮地告诉他，你拿的钱太多，一时没有这么多现金，下午再来！

汇丰银行的市场信誉做出此举并没有引起什么不妥，再说，大额取现就算在今天也得预约。实际上，这个日本人走后巡捕始终跟踪其后，顺藤摸瓜找到了他们的老巢，只用了两天时间，造假者和挤兑始作俑者就被一网打尽。

据当时《申报》报道，假钞是六个日本印刷工人在大阪制作，共 30 万，后运达中国天津和上海。最终，六个制作假钞的日本人被引渡回日本本土受审。

第5章

走出洪荒

自由银行的终结

昔日车水马龙的银行大门已经关闭，这些机构也许有一天还会重现辉煌，也许将永远关闭。可这究竟是为什么？不用说西门银行，就算是东门银行也没有烂到必须关门的地步，为什么会突然在一场谣言中倒闭了？

小镇还能选择希望吗？

必须选择希望，也迟早会选择希望。尽管重拾信心、重建认同的路非常漫长，人类必须为自己选择光明的未来，也就一定会选择希望。

挤兑必须过去，也一定会过去，一旦银行业在挤兑中垮掉，小镇的财富将在瞬间灰飞烟灭，千家万户多年的积累将付诸东流。银行、证券交易给小镇人们带来了财富、就业以及便利，包括上官煦炎在内，大概没有人希望金融大厦轰然倒塌，毕竟所有人的财富都牵扯其中。

一场救赎已经悄然在小镇上演……

不知从什么时候开始，人们奇怪地发现很多商铺已经不收金银，只收南记银行汇票，尤其是与轩辕家、长孙家和太史家有业务往来的商家。轩辕、太史、长孙都是小镇上的大商家，这几家带头不再接受金银，那就必须把金银换成南记的汇票。尽管知道金银最保值，但大商铺就是不收，只要还在小镇生活就必须选择南记。由此，南记汇票的范围越来越广，几乎成为小镇上的唯一流通银行券。

一面是南记银行蒸蒸日上，一面是其他银行悄无声息地停业。

南记如此强势，所有人都明白，如果西门或者其他银行贸然重新营业，只能比以前倒得更快，人们会不惜一切代价将金银转存到南记。

就这么眼睁睁失去从前的一切吗？无论西门婴隆还是其他小镇银行，甚至公众储户，大家都不甘心。重新开张必须取得公众信任——公众的信任是金融机构的生命线，一旦失去公众信任，只有更强、更值得信任的机构出现，才能重建失去的信任！

谁最值得信任？答案当然是南记。何以救赎，唯有南记！谁最有钱，谁就最值得信任，毕竟现期财富是能力最有效的指标。无论投资，还是经济决策，有一句话非常重要：最重要的是当下。不要责怪世人鼠目寸光，如果没有现期利润的激励，谁又会分外努力呢？

经历了挤兑风波，南记变得愈发强大，有着小镇财富先行者的支持，重新获得了公众信任。如今，南记银行汇票不但成为全镇的通行货币，就是在蓬莱岛和其他市镇也是信誉最高的，可以被当作真金白银。

短暂的犹豫之后，西门婴隆代表小镇同业悄悄走进了轩辕的祖宅。他们还不敢直接面对南门姐妹，如果南门姐妹一口回绝或者狮子大开口，此事翻转的余地就不大了。再说，就算南记同意救西门，也要得到轩辕启恒等人的支持。

西门婴隆对此行还是很有信心的，即使轩辕等人真的看不惯自己和东门嘉运，西门也赌定轩辕启恒以大局为重，不会做不理智的事，让小镇重现昔日辉煌也一定是轩辕等人的愿望。

已是掌灯时分，凭借着明亮的烛光，西门等人看到轩辕启恒正在客厅等候他们，见西门等人进来，轩辕启恒没有任何客套，只是简单地说了一句：“来，坐下说。”

在客厅八仙桌旁，双方静默良久，西门婴隆才说：“轩辕先生，您是小镇走向海洋的领头人，这样的时候还希望您能站出来仗义执言，是上官煦炎惹下滔天大祸，西门银行和其他人可没有多少罪过，不应该走到今天。我这次来，就是想请轩辕先生出马，劝南记救我们一救，救小镇银行同业一救，救小镇百姓一救！”

西门婴隆一脸精明的生意相，偏偏要装出救民于水火的样子，轩辕启恒用指节敲了敲桌子：“你知道的，我们做海外贸易的人从来不撒谎骗人，不像有的银行仗着手里有现金，什么坏事都敢做，什么娄子都敢捅。再看你们西门银行，一遇到挤兑就先关门停业，连南记也被牵连。如今南记好不容易度过危机，请南记救西门银行，当时又有谁救过南记？做坏事其实也没什么，付出对等的代价就是了！”

南记确实是被西门银行牵累了，好在轩辕提到了代价，西门婴隆连忙接着这个话题说下去：“开门做生意，我们一定会考虑南记和您的收益，要是连自己能给什么都不知道就来登门，不是调侃您吗？”

西门婴隆深深吸了一口气，接着说：“小镇同业公议，如果南记同意借钱支持我们，或者南记肯收兑我们的汇票，帮我们度过难关，我们愿意支付任何代价！该付出如何代价，还望轩辕先生斡旋。”

看着一脸诚恳的西门婴隆，轩辕启恒并没有直接回答：“小镇的银行都在拼命扩大规模，谁的规模越大谁就越强，分明就是把存款当作了本钱！大家把利润留给自己，把风险甩给储户！银钱业的真正意义不在控制多少金银，把规模做多大，银行也是企业，是风险和收益的平衡体，要让创造财富者得到资金、迸发激情，然后分享他们的成功。岂能如上官煦炎，把储户的钱当作自己的钱，大肆炫富，这样的银行规模越大越是一颗毒瘤，是个别人攫取社会财富的工具！”

西门婴隆原本想，轩辕和南门姐妹都是生意人，没有谈不拢的生意，只有交易不了的价格。没想到，轩辕启恒不谈价格，只在这里长篇大论谈道德，莫非南记要看着小镇所有银行消失，独揽小镇银行业?

不是这样，轩辕启恒目光蓦然如炬般看向西门婴隆和在场的银钱业同仁："诸位知道银行的根基在于信誉，信誉在于所言所行问心无愧，唯有如此才能求祖先赐福给我们！上官煦炎所作所为为人不齿，可咱们谁敢说自己就没有一点类似行为？银钱业本就是经营风险的行业，无论存款借款都是因果缠身，不懂得收敛身心性情，到时候就连南记也同样躲不过去！"

西门婴隆沉默许久，感叹道："小镇银钱业只出了上官煦炎这么一个害群之马，就把银钱业同仁害成这样，我们怎么敢不收敛身心？只要南记肯出手救援，我们接受南记提出的任何条件！"

专题 5-1：

自由银行时代

商业银行最基本的原理非常简单，便宜借储户的钱，以更高的价格借给贷款者，金钱高买低卖的商业版本罢了。

最初人们并没有意识到商业银行的特殊性，只要有存款（贵金属或者金银铜币）就能开银行，储户存入金银铜在银行变成银行券，银行券就是第一代纸币。在这个时代，一个国家有多少家银行就有多少种纸币，大银行的银行券在全国全世界流通，小银行的银行券可能只在一个城市里流通，包括央行的始祖英格兰银行、美国第一银行、第二银行都是这样的。

今天，我们称之为“自由银行时代”。《新帕尔格雷夫货币金融大辞典（第二卷 F–M）》对“自由银行”的定义是，在自由银行体系内，商业银行不需要法律特许就可以开业，也不存在中央银行之类的金融监管机构。1837—1838 年，在美国密歇根州、纽约州先后颁布《自由银行法案》（Free Banking Act），以法律形式允许自由银行存在。任何人只要想开银行，只要能将所发行银行券兑换为黄金和白银，不需要立法机构颁发执照就可以营业。

让我们来观察金融业的特殊性，在所有行业中，唯有金融业才有的特殊性。所有行业都要把产品换成货币，唯独金融业本身就是经营货币的行业。如果侵吞本金可以赚钱，如果占有本金比创造财富更容易，一定会有人把本金直接当作收益——以资产规模论胜负便是这样的思路。

不是每一个人都能抵制住占有本金的诱惑，在自由银行体系制度设计中，这个问题无法回避。在金融学乃至金融业大厦的构建中，现期本金比经营利润收益更高，这都是不应该被忽视的事实。

果不其然，1838 年之后美国州立银行出现大规模倒闭，对经济运行造成了重大伤害，1863 年美国联邦政府出台《国民银行法案》（National Bank Act），结束了州立自由银行的美好时代。

在小镇的故事里，无论南记银行、东门银行还是西门银行，都属于自由银行，没有获得特别许可。很显然，上官煦炎将银行存款当作自有资金使用，单纯就是炫富。最终，市场消息打破了上官煦炎虚幻的财富梦想，进而使得整个小镇的银行体系陷入困境。

在这里，我们先跟您探讨下，为什么上官煦炎会侵吞银行本金？

答案很简单，如果创造收益的成本比劫掠财富更高，那么人们便会放弃创造而选择劫掠。金融市场交易的不是钱，是人性，避无可避的人性，芊芊红尘，人性抹不去恐惧与贪婪，面对真金白银，就更是如此。

由此，我们必须明确，在一定条件下本金比收益更重要。

商业银行的融资能力来自于信用，正确的路径是将资金使用权转移给更有效率的生产者，所谓“提高资源配置效率”云云。除此之外，还有收益更高的方法：把钱全部当作本金使用，比如小镇上的上官煦炎。

如果承认这种情况存在，那么当代经济学的部分基础性结论在金融学中便是失效的。例如，当代经济学认为，当边际收益等于边际成本的时候利润最大化，金融业的特殊之处在于经营的商品本身就是钱、是收益、是利润。如果金融机构拿到的本金就是收益，将永远无法达到“边际收益与边际成本相等”的均衡状态，也根本不存在“利率”“汇率”之类的资金价格。如此，金融机构对资产规模扩张的渴望就像一个毫无节制的黑洞，将出现以资产定资本，而不是正常情况下的以资本定资产。

要打破这个魔咒，就必须出现一个最强者对敢于侵吞银行本金的人进行规制和惩罚，这便是我们小镇后面的金融故事。

专题 5–2：

铸币税：货币发行权带来的收益

铸币税伴随货币而出现，是指在铸币过程中获得的收益。

一提到铸币税人们往往会想到美国发行美元的收益，这是被广为人知的一种铸币税。实际上铸币税不仅存在于国际货币体系，从货币一出生这笔收益就如影随形，无论外延还是内涵都远远超出了国际货币的范畴。

第一代货币是金银铜，铸币税最大的来源在于货币减重。无论东方还是西方，金属货币的铸造者最初都不是官方，而是私商。铸币者往往不铸造足值货币，成色也不尽一致，这中间的差异就是铸币税。无论中西都有“侵边硬币”的说法，就是说把古钱的边缘凿掉一些渣渣，凭这些渣渣就能赚到不少钱，这就是“铸币税”。这种铸币减重的影响很有限，市场比任何人都聪明，货币减重，货币成色不好，市场会自动给出一个兑换价格，反而是国家掌握铸币权后试图让货币减重或者让残值货币退出流通，便一定会惹出事情。

第二代货币是银行券，铸币税最大的来源在于货币增发。与金属货币一样，银行券最初是由各家银行发行，没有统一的中央银行进行管理。原本商业银行应该按照贵金属存储量发行银行券，可总有银行突破金银储备量超发银行券，最终诱发挤兑，甚至导致全面的金融危机。

第三代货币是法定货币，也就是我们所说的国家发行的纸币，铸币税同样来自货币增发。最典型的是“布雷顿森林体系”下的美元，简单说就是美元看黄金、大家看美元，美元作为世界货币。遗憾的是，“布雷顿森林体系”存在的时候美国总是突破黄金储备发行美元，也就在全世界收割铸币税。“布雷顿森林体系”之后进入“牙买加体系”，总体上仍旧以美元为核心，但美元不再盯住黄金。也就是说，当前任何一个国家的纸币都不再与黄金存在锚定联系，纸币发行量是货币政策考虑的问题。

当前，很多货币把美元、欧元、日元、英镑、人民币等世界货币作为篮子看作锚定，如果突破锚定篮子便可视为征收铸币税。至于美元，仍旧是使用范围最广泛的世界货币，可以在全球收割铸币税。

王者百战成央行

天下没有免费的午餐，南记银行一定会借机整顿小镇银钱业，把东门银行这样的机构踢出局，但没有人想到南记银行出招会如此决绝。

——小镇银钱业公议一个存废名单，像东门银行这样的机构必须退出市场，南记不可能救它。关于这一条大家早就想到了，不要说南记，就是西门婴隆和东门嘉运甚至小镇上的每一个人，都不希望再与上官煦炎这样的人、这样的机构为伍。

——成立银钱业行会，南门亦菲为行会会长。此后，小镇再组建新的银行，必须获得银钱业行会准可方能开业。否则，银钱业行会将号召全体同仁抵制之。关于这一条小镇银钱业现存所有机构都是受益者，没有人反对。

——小镇新老银行都不能再做没本钱的买卖，自有资金至少达到存款总量的 8%，同时必须向南记银行缴纳存款规模的 20% 作为备付金。南记银行将统筹这笔备付金，用于救助被挤兑的机构，以备不时之需。

——最重要的一条，小镇银钱业从此接受南记银行管理，南记将监督各家银行汇票发行量必须控制在贵金属储备之内，小镇上只留下一种银行汇票，那就是南记银行的汇票。道理很简单，商业银行涉及千家万户，最后收拾残局的只有南记银行。既然最终风险的担负者是南记银行，南记银行就要自始至终对各家银行进行规范的管理。否则，汇票大家随便发、篓子随便捅，责任全由南记扛，是不可能的。

在同意以上条件的情况下，南记银行愿意救助西门银行和其他风险机构，被救助的银行汇票可以等额在南记银行兑换金银。如此，收兑期间各家银行的汇票等于有了南记银行的信誉，自然也就不会有人挤兑。

南记提出的条件在银钱业引起了轩然大波，人们对 8% 的自有资金没什么异议，做没本钱的买卖那是强盗；但向南记缴纳 20% 保证金都认为太多了，拿走 20% 存款等于拿走了 20% 的业务。凭什么各家银行要把备用金交给南记掌管，又凭什么接受南记银行指手画脚，西门婴隆觉得这简直就是不平等条约，如此，南记将成为所有银行头上的国王！

有人说，把每家机构 20% 的存款集中起来可以救助任何一家机构，南记本来已经是小镇银行业的巨无霸了，再掌握 20% 的保证金肯定如虎添翼。规模如此巨大的一家银行存在于小镇之上，焉能有其他银行的活路？就算南门姐妹没有问题，谁又能保证将来南记银行的继任者不出现问题，一旦出现问题就无人再能救助小镇银钱业。

有人说，任何一家银行掌握了小镇各家银行 20% 的贵金属，都一定能够救助小镇上任何一家挤兑银行。各家银行 20% 的贵金属储备，几乎就是小镇上 20% 的财富。把这笔财富集中到谁手里都将是令人恐怖的资产规模，这哪里是救助，简直就是抢劫！

有人说，南记银行说得很有道理，没理由让南记承担最后的风险却不监督整个过程。既然南记总督各家银行业务，自己又经营银钱业，那么谁来监督南记银行，怎么能保证南记银行不滥用监督权为自己牟利，限制各家银行业务？又怎么保证南记银行不把利益输送给自己，再冠以冠冕堂皇的名义限制其他银行？

不仅小镇银钱业，整个小镇上的人都在期盼着南记出手拯救，让生活早日恢复正常。但是，在怎样的条件下南记银行才能救助小镇银钱业呢？人们在茶馆开始了热烈的讨论，最后集中形成了三点意见：

——小镇经济爆发源自“蓬莱号”出海，如今需要确立一种公认的、被公众普遍接受的货币，也需要一家机构集中管理货币储备、统一铸造和发行货币。一旦小镇的货币统一，无论在本镇还是其他市镇，这种货币都更容易被接受。当前条件下，即使其他银行仍旧发行自己的银行券，因为南记的存在也很难流通下去。所以，其他银行可以继续用贵金属铸币，但不应该再发行银行券。

——银行形成的基础是商户与银行之间、银行与储户之间、银行与银行之间的信任与信赖。这些信赖需要一个强大的基础，储户必须相信商业银行会保护自己的利益，而不是把别人的存款当作本金使用。在真金白银的诱惑面前，规制比道德约束更为有效，将让银钱业变得更可信赖，如果没有规制，谁也不能保证上官煦炎这样的人再次出现。

——小镇银钱业应该有一个管理者或者监管者，监管者不应该再经营银行业务，否则没有人能够与监管者竞争。南记银行同时作为经营者和监管者，同样是一种不公平。监管者应该统一小镇货币发行权，或者特许某家银行发行货币，从此专注于发行货币、向银行贷款之类的业务，而不是工商企业贷款。监管者拥有小镇上的最高信誉，这样，才能成为小镇应对风险的“最后一张王牌”！

——监管者不可以是南记银行或者任何一家商业银行，而应是一家新的机构，可以被称为华夏中央银行。华夏中央银行名为银行，却是银行的银行，不是普通人的银行。只要满足两个条件就可以成为中央银行掌舵人：一是必须是小镇商户都信得过的人，二是必须是银钱业大佬，熟悉银钱业各种套路，可以是，也可以不是南门姐妹，由银钱业公议即可。

西门婴隆和小镇银钱业不想接受这些条件，更不想给自己头上安一家所谓“中央银行”之类的太上皇来管理自己。事情明摆着，西门银行和其他银行都已经成了被救助的对象，南记银行、轩辕、长孙、太史这些家族将主导组建中央银行，不会有他们什么事。至于由中央银行发行货币，或者由中央银行指定一家银行发行货币，发行权一定属于南记银行。就算给西门银行货币发行权，他们的银行券也照样无法流通，要想重新营业必须借助他人信誉，也就是借助南记或者新中央银行发行的货币。

统一货币是小镇所有人的愿望，南记不可能舍弃现在商业银行的盈利业务，不可能既做商业银行又成为商业银行的管理者，运动员怎么能给自己做裁判？最主要的是，组建中央银行一定是南门姐妹主导，南记银行肯定能获得货币发行权，其他银行不可能有这个能力，更不可能取得大商户的信任。

最终，跟所有人的猜测一致，小镇银钱业及商户公推南门亦菲主持中央银行，南记银行则由妹妹南门亦潼掌管。

南记银行被指定为小镇的发钞行，各家银行原有银行券陆续兑换为南记的银行券，持有其他银行纸币的人可以到发行兑换南记的纸币。此后，银行将不能谁想成立就成立，新组建的中央银行将对商业银行进行准入审核。

至于东门银行则被刚组建的中央银行查封，商户存在东门银行的钱不能保证兑付，东门银行留下来的钱将先兑付给个人储户。与个人储户相比，商户实力更强一些，更能扛住损失，涉及面也更小。上官煦炎则不知去向，临走前放出话说自己一定会回来，大家对此嗤之以鼻，就这个流氓，就算回来也不会偿还这些债务的。

尽管突如其来的挤兑危机使银钱业和小镇经济受到了致命打击，然而有了更强大的信誉，更强大的信用主体，小镇重拾信心并非不可能。有了最后一张王牌，小镇居民那种莫名其妙的、丧失理智的、毫无根据的恐惧也随之远去，人们开始重建银钱业的殿堂，重建一个有秩序的小镇。

何况，小镇生产体系、商业体系、运输体系都没有被破坏，富足的情景近在咫尺，积累下来的人力资本犹在，再度繁荣似乎就在眼前！

专题 5-3：

英格兰银行变身记

有人说世界上最早的中央银行是 1694 年成立的英格兰银行，有人说是 1609 年成立的阿姆斯特丹银行，也有人说是 1659 年成立的瑞典银行。实际上中央银行的出现不能以名称计算，而是要看这些银行是否具备了中央银行的功能。有了这个前提条件，世界上最早的中央银行非英格兰银行莫属。

三次英荷战争和英法九年战争后英国王室耗尽了积蓄，虽然战争胜利了，国内经济却一团糟，王室收不上来税。没人肯借钱给王室，财政大臣甚至要走到街上向一个个商铺借钱，即使如此也没凑够 10 万英镑。英格兰银行成立的原因就是王室希望得到借款，但英格兰银行只是一家商业银行，也就是我们前面提到的“城市银行”，范围在伦敦城内。即使如此，英格兰银行成立的过程也是一波三折，最重要的原因是议会不希望王室获得贷款权，而英格兰银行中是有王室股份的。

英格兰银行成立后，主要业务就是为王室和贵族筹集贷款，发行的最小面值银行券从20英镑一路下跌到1英镑，逐步在社会流通。当时伦敦部分商人联合签署倡议书，以英格兰银行的银行券替代贵金属作为货币，部分商铺只接受英格兰银行的银行券。即使已经被公众信任、接受、认可，英格兰银行仍没有成为“发行的银行”，其他银行同样可以发行自己的银行券。

南海泡沫之前，南海公司取代了英格兰银行的地位，但后来的南海泡沫毁掉了南海公司，英格兰银行在救助南海公司，并在与东印度公司、土地银行等大型机构的征伐中屡次胜出。这时，英格兰银行才被誉为大英帝国的“最后的王牌”，成为“最后贷款人”。直到1844年英国国会颁布《皮尔条例》，英格兰银行银行券才成为政府指定的法偿货币。所以，如果说英格兰银行是世界上第一家真正意义上的中央银行，也是在《皮尔条例》颁布之后。

如果说南海公司所作所为导致南海泡沫，英格兰银行则是比南海公司更凶狠的枭雄，唯有如此才能在泡沫中生存下来，才能在毫无限制的搏杀中胜出，成为最强悍的“最后贷款人”。另外一个事实是，美联储在刚刚成立的时候，美联储主席都是华尔街大佬出身，跟他们相比，市场上那些人单纯得像是小朋友。

也许，唯有如此，第一代中央银行才能成为金融市场的规制者吧！

专题 5–4:

中国历史上的中央银行

中国历史上第一家中央银行是清朝末年的大清银行，在历史上存在了 6 年。

光绪三十一年八月（1905 年 9 月）大清王朝户部改为度支部，户部银行更名为大清银行，之前已颁布《试办银行章程》和《大清银行则例》，明确规定大清银行为中央银行。大清银行股本由官商各 500 万两库本足银，设理事会、监事会，理事长、监事长由股东总会公举，呈准度支部派充。

据《大清银行始末记》载，大清银行负责救济市面，成立以来共 13 次接济银钱同业，稳定金融。与当代中央银行一样，大清银行垄断了货币发行权，发行银两票、银圆票和钱票，大清银行所印纸币质量优良，极难伪造。辛亥革命成功后大清银行改制为中国银行，数年内仍使用大清银行发行的纸币。

1912 年，大清银行改制为中国银行，但中国银行并不听北洋政府调遣，中国银行上海分行反而在灵魂人物张公权的带领下扩充商股，国民政府上台之前官股只剩下微不足道的 5 万元。

1928 年，民国政府成立中央银行，此时的中央银行虽然有发行纸币、经理国库、募集和经理内外债之特权，但总体上仍是一家商业银行。1935 年实行法币改革后，中央银行仍与中国、交通、农民银行共同拥有全国货币发行权。1942 年抗战已到后期，国民政府取消中国、交通、农民银行的货币发行权，由中央银行统一货币发行权，此时民国年间的中央银行才成为真正的“中央银行”。

小镇曾忆旧繁华

机器革命刚开始的时代，市场可以被视为无限大，有了完备的银行体系便有了充足的资金；有了充足的投入资金，便有了丰盈的利润；有了丰盈的利润，无论企业主还是居民，都会越有钱；小镇上的居民越有钱，小镇便会越繁华。

只有凭借最强大的信誉才能募集到最多的资金，才能将资金投入到最具长远收益的方向。刚成立的中央银行为小镇点燃了创新之火，央行定向募集公债，所募资金全部用于支持研究和工厂机器改良上，也只有集体的信誉才能超越商业利益做到这一点。

有了国债募集资金的支持，太史家族迅速转行机器制造。由此，机器成为小镇各行各业的基础动力，手工工场最终被机器工厂完全取代。与水力、人力、畜力相比，机器动力非常稳定，不受气候、身体等条件限制，同样的原材料能制作出更精细和廉价的产品。

“物美价廉”说起来简单，其实是市场最经典、最简单的制胜法宝，谁不喜欢又便宜又好的东西呢？

小镇远洋贸易本就很发达，在目光可及的世界还没有哪个市镇如华夏镇一样实现了机器生产，全世界都依赖来自小镇的商品——因为这里的产品最为美观、最为耐用、最有创意。

所谓创新，就是让人们以更低廉的价格享受更便利、更舒服、更优质的产品和服务，由此拥有更美好的生活罢了。在技术条件给定的情况下这是不可能的，只有技术条件改变了，才可能产生所谓的“创新”。

经历了机器动力革命，小镇的人们靠创新和劳动致富，提高自身社会地位，创造财富、尊重财富、享受财富成为小镇的风尚。

财富看起来已经取之不尽，用之不竭，普通人每天能吃到香肠、奶酪、咸鲱鱼和咸猪肉，而之前一年中难得见到几次这些东西。用餐不再是为了填饱肚子，而是颇有舒适感和仪式感，之前人们端起碗蹲在门口就吃了，如今即使最普通的家庭也要全家人聚齐，男主人会坐在对门的位置，大家团团围坐等待开饭。

小镇上出现了各种各样的行业，有人专门给别人做饭成为厨师，有人专门冶铁成为匠人，有人专门屠宰牲畜成为屠夫，有人专门煮盐成为盐商……每个人看起来雄心勃勃，暗下决心成为轩辕、太史、长孙这样的创新引领者!

在繁荣、衰退、萧条、复苏这样周而复始的经济循环中，复苏必然从衣与食开始，繁华又以住与行结束。即使今天的生物科技、航天、信息技术的落脚点也是如此，所有科技创造的最终着力点一定是普通人的一颦一笑，科技本身就是为人类服务的，看起来不着边际的基础科学则是在为人类服务奠基。道理很简单，衣、食方面的工艺相对简单，生产相对容易，市场反而最大，一定是繁荣的开端。

相比之下，住和行相对复杂得多，不要说改善住行需要相当多的配套产业，普通家庭积累这笔财富也需要很长时间。大家可以想象一下：自行车是主要交通工具的时代，自行车在家里的地位比汽车不低。机器革命之后的小镇终于出现了机械动力的代步工具——汽车与火车，燃气发动机支撑下的汽车、火车时速虽然只有 8、9 公里，却是一种质的突破——从此人类告别了人力和畜力为主的代步工具。

至于住房变化得更慢，直至今天全世界多数家庭的主要资产还是住房，一个家庭或家族需要积累更多财富，就需要更多的时间。在华夏小镇上，人们在创新的支撑下取得了巨量财富，数年间人们的住房也发生了天翻地覆的变化。

之前普通家庭的正房一般宽 10 米左右，长 3 到 5 米，分三五个房间。院落往往带有谷仓、牲口棚，用篱条、麦秆和黏土等材料筑成墙；厨房一般在正房中间，做饭或取暖时就在起居室内放一个开放式的炉灶，没有烟囱，自然排烟效果不会太好，一年四季屋内总是弥漫着烟味。

同样，因为保暖的原因，房间一般很少有窗户，大家看到的窗棂是唐代之后才在大户人家出现。屋门和窗口很小，房间纵深又很深，居住感觉可想而知。家具就更简单了，八仙桌、土炕、炕桌、柜子和几条长凳就是基本陈设，瓷瓶瓷器则被视为奢华的装饰品，一般是要传于后代的。比较穷的家庭只有一间土坯房子，屋顶用茅草铺成，地面用土夯实，有时上面铺着沙子和灯芯草，家畜和家禽在屋子里进进出出，那种味道想想真是……

原本轩辕、太史这些小镇富裕阶层的住房已经有了改变，渐渐小镇普通人的住房也迎来了改变的契机。

有自己的一所宅院是小镇每个普通人的愿望，如果现在手头钱不够怎么办？商业银行体系在小镇已经十分成熟，手头没有钱可以向银行借钱，将来慢慢还。也就是说，房地产贷款的本质是贷款人向未来的自己借钱买现在的房子。

有了资金，小镇的住宅终于大变样。

尽管地基与原来没什么不同，木工与石材却广泛应用到建筑当中，楼顶闪耀着光芒的琉璃瓦，房屋雄伟可见一斑。三层雄伟的小楼在小镇逐渐随处可见，一般一层有五间房，其中一间大的是厅堂，炉暖床、排烟和取暖设备完备；家长一般住在一楼，而子女和亲友则分住其他房间；人均住房面积大概在8—11平方米。

终于，房地产作为一个巨大的行业出现在小镇之上。

不用怀疑，一次经济大繁荣和天翻地覆的产业革命都将能带来房地产的兴旺，只有大繁荣创造的财富才足以让一代人在住房上改头换面。繁荣降临小镇，每个普通人手中都有了巨额财富，所以才会看好未来，才会向银行举债购房。

房地产兴起，一个最典型的特征就是房地产中介的兴旺，小镇繁华的经济吸引了成千上万的人来就业，人们需要买房或租房，房地产中介应运而生，很快几乎每条街道上都出现了地产中介，人们奔走相告哪里有租房信息，哪里又有人卖房了，一片红火景象。

房地产自身也会衍生财富，这不仅是一个涉及千家万户的行业，还涉及了一批产业，家具、建材、钢铁……这些行业原本就在工业革命的基础上实现了技术更新，房地产兴起后，巨大的市场更是刺激了这些行业的飞速发展。可以这么说，小镇制造业的根本就是在房地产的刺激下兴起的。

很快，人们发现房价变了样，原本一镒黄金就可在西门附近买到一处不错的宅院，如今却要五镒黄金甚至更多。更有甚者，房地产中介不再走街串巷，而是兴奋地在琉璃橱窗上贴出了正在出售的房子，上面房价数字每天都在攀升。

如今，小镇上几乎每个人都这样说：今天不买，明天就买不到了！

更有先知先觉者，提前借钱买了很多房子，坐等房价翻上天，短短数月就成了小镇上的超级富豪，令人好不羡慕。

眼看着房价上涨，很多人都在想：如果当时我提前买几套房子，后半生岂不是就不用奋斗了？只要能在银行借到钱，就一定能靠房子赚到更多的钱，这种操作简单易行，对银行来说还没有多少风险。毕竟房子是有首付的，只有房价跌到首付时才会损伤银行本金，借钱给炒房者都能赚钱，何乐而不为呢？

小镇是机器革命的发源地，是“蓬莱号”出海的地方，也是目光可及世界最富有的地方，依山傍海，山清水秀，这里是所有人都向往的经济中心啊！随着小镇上的人越来越多，没有人相信房价会进入下跌空间！

繁荣已在眼前，还不抓紧机会？

专题 5-5：

五亩之宅：中国古代住宅简介

中国古人有“百亩之田，五亩之宅”的理想，即一家人有一百亩地、一个五亩地的宅院。“百亩之田，五亩之宅”，此生心意足矣！当然，这个心意很难满足，不然白居易也不会有“洛阳米贵，居大不易”的感慨，杜甫也不会发出“安得广厦千万间，大庇天下寒士俱欢颜”的呼声。

我们在这一节中记述的住宅变迁史，便是盛唐和宋仁宗年间普通人家住宅的变化。在古代盛世，随着财富的逐步积累，大部分人家有了自己的住宅，住宿条件也得到极大的改善。大唐天宝和北宋庆历年间，中国家庭园林开始兴起，占地几十亩、数百亩的庭院并不少见，一个顶级富豪的家用“矗不知其几千万落”来描述毫不过分。

大唐天宝年间的案卷判词记载：一个叫王洪的人有一座宅坊，占地数百亩，院落中五步一楼，十步一阁，宅子大到要“宅广乘车行”，意思就是说，住宅里也要乘车才能走完。花园中建有自雨亭，无雨天亭子也可帘帘飞瀑，住宅正房的房顶上也有自喷水设备，夏天的时候有水从屋檐上急流下来，四面飞溅，房子里的人感觉寒气袭人，温度不亚于深秋。

然而，并不是每个人都能有这样的豪宅，甚至无法拥有自己的住宅，尤其是高官。唐宋八大家中的苏辙为他人乔迁之喜作文，其中感叹道“我年七十无住宅，斤斧登登乱朝夕”。尽管苏轼自己没有住房，却在宋代开创了“安济坊”制度，户数上千的市镇都要设立“安济坊”，收容鳏寡孤独和没有住房的家庭，开创了保障房的先河。

回不去的从前

东门银行破产之后，上官煦炎不知所踪，所欠下的债务没有归还。

这些日子，不知是谁惊异地发现，此人又大摇大摆地出现在华夏小镇，还是那副志得意满的神态。很快，又传出东门银行已经对小镇央行清偿了所有债权债务，最神奇的是，清算之后东门银行居然一镒银子也没有差储户的。

小镇西门本是最繁华的去处，集中了所有的银行、交易所、商铺，当然是房价最贵和涨幅最高的地方。当年为了把轩辕启恒从祖宅里赶走，上官煦炎买下了轩辕族人几乎所有的住宅，如今，仅仅一半左右的房产就足以偿还东门银行的本息。

赶走轩辕启恒只是为了一时意气，没想到数年后救了自己一命，上官煦炎原本是个不甘寂寞的人，眼见手里的房产巨幅增值，当然要回乡重整旗鼓！

在赚钱这件事上但凡尝到了甜头，必然重操旧业，这在经济学上被称为“路径依赖”。用简单的话说，这人不会干别的，只能靠这个赚钱。更重要的是，“路径依赖”有强大的示范效应，看清了上官煦炎发财的道道，一本万利的生意，他可以，我为什么不可以？

上官煦炎再度与西门银行联手，开始炒作小镇其他地方的房子，大体手法并没有什么技术含量，无非就是在一片空地上盖起房子（或者事先囤积同一地段的房子），然后再制造一些噱头，通过数笔交易抬高当地交易价格。

房地产交易是件很有意思的事，只要周边有一所房子价格上涨幅度较大，那么立刻就会带动所有房子上涨。有关钱的信息传播很快，既然人家的房子能卖到这个价格，我的房子一定也可以！

上官煦炎是大手笔，一买几十套、上百套。普通人则买上一两套，大家一起坐等房地产升值。

人们坚定地认为，小镇依山傍海，虽然环境优美，但地域狭小，土地和房子都是稀缺品，所以未来趋势一定只涨不跌。人们开始真的相信，整个小镇会住满游客，无论海滩、沼泽、湿地，甚至灌木丛都是浪漫而又健康的居住地，这里的房产一定会升值！开始只是小镇的土地和房产，尤其是海滩附近，后来距离小镇 10 里、15 里、20 里……每一块土地都成为资金争夺的对象。

对银行家来说，房地产贷款成了最好的生意，只要用房子作抵押，买房的贷款就毫无风险。如果客户遇到困难无法还钱，银行只要把土地或房子出售就行了。事实上，直至今天，这也是商业银行最重要的风控思路——贷款一定要有房产抵押。

在市场最火爆的时候，只要有人交易房子，银行就会放贷款，也不会对贷款人认真审核。这时候谁不去炒房？哪家银行不给房产贷款才是真正的疯子，既然有无风险的利润，哪有放着钱不赚的道理？

身为小镇央行的首领，看着眼前的房地产红红火火，南门亦菲却觉得隐隐不安，似乎有什么灾难又要降临到刚刚平息了挤兑风波的小镇上。

此时，小镇产出的工业品已经风靡世界，没几个人知道，轩辕、长孙甚至包括太史家族都感觉到了巨大的压力。正因为产品已经远销世界，每个人都用上了小镇的工业品，所以今后不太可能再有如此大的销量，不可能再有如此大的市场，当然也就不会有如此大的盈利。

问题的关键在于，前期积累下来的生产能力还在，人们预期未来依然像从前一样如火如荼……

表面看房价在银行贷款助推下一路飙升，其本质则是创新带来的巨大利润，以及人们对未来的美好预期。很长时间以来，人们手中的财富逐渐增长，无论市场、厂商还是家庭都处在财富爆发期。巨大的利润也好，美好的预期也罢，这些都通过银行系统传导到了小镇的房地产价格上。

说到底，房价只是创新带来收益的一种体现，银行的资金支持并不是根本原因。

在繁荣或者经济运行平稳的环境下，商业银行以房屋作为抵押工具没问题，但经济进程不是一成不变的，也不可能永远停留在繁荣中。所谓的繁荣、衰退、萧条、复苏等经济周期，也可以简单解释为人们赚钱的难易程度，普通人也好，大老板也罢，对市场感知的方向是一致的，只是力度不同而已。

在工业创新刚刚兴起的时候市场无限大，什么工业品都可以赚钱，这时候任何一个行业都是蒸蒸日上；对银行来说，无论谁借钱都能还得上，无须担心风险。随着工艺不断改进，人们对产品质量的要求提高了，不再是什么产品都有市场了，必须在技术、营销、渠道上有所突破才能战胜对手；对银行来说，这时候就需要筛选客户了，也恰恰在这时候看起来无风险的房地产行业出现了（在创新早期不可能有房地产，一则人们积累不足，二则大资本集中于利润更高的创新行业，也就不关注房地产）。

当创新产品普及到社会的每个阶层，这时候钱就很难赚了，对银行来说房地产便成为一种非常好的投资行业——起码看起来只涨不跌。

世界上真的有只涨不跌的投资行业吗?

南门亦菲拿出的第一个方法是打压市场，轩辕启恒被挤出祖宅的时候，曾和长孙东阳同样在小镇囤积了很多房产，以备房价过高时抛出，打压过热的市场。令轩辕和长孙没有想到的是，尽管他们抛出了很多住房，也没能遏制住房价上涨，低价抛出的房源反倒成了别人的盈利利器，他们则被人讥笑为傻子。

南门亦菲慨叹，恐怕只有控制银行系统才能控制房价，所有点燃烈火的柴草都是银行系统提供的——房价已经变成纯粹的资金游戏，银行资金是房价最大的推手。一旦房价不再可控，银行系统的风险同样将不可控，小镇将迎来下一次金融风暴。

控制房价，最简单有效的办法就是釜底抽薪，让商业银行手中没有钱对房地产放贷，没有干柴自然燃不起烈火。

于是，南门姐妹联合小镇各大家族打出了一套组合拳：

——南门亦菲以小镇央行行长的身份函告小镇各界：投机性购房不仅利用银行体系货币透支了自己的未来，也透支了小镇的未来；在接下来的日子，各家商业银行仍旧可以向央行或者南记这样的大银行融资，但如果发现银行拆借资金被用于买房，这些商业银行必须承担严重的责任；凡小镇居民都可以检举揭发此类行为，小镇央行将竭尽全力调查。

——接下来的日子里，南门姐妹和轩辕、长孙、太史等家族频繁开会，却不对外透露任何消息。包括商业银行在内，人们明明知道这些会议与房地产有关，但无法获得只言片语。

——小镇的金融江湖还没来得及猜测这些狐疑到底是什么内容，南记银行和中央银行就率先收回银行拆借资金，小镇银行拆借资金利率、短期借款利率应声而起。

包括房地产市场在内，金融资产炒作都依靠短期资金支持，短期利率飙升意味着炒作成本提升，对炒家将形成致命打击，而此时小镇的银行间拆借利率已经达到了隔夜 1%。也就是说，即使银行自己炒作房产，每个月至少赚到 30% 才能不赔，如此炒房焉能再有盈利?

专题 5–6:

房地产投资的魅力在哪里

对于投资品，为什么房地产最有魅力？答案是两个字：杠杆。

通常情况下买房的资金杠杆比率为 1∶3—1∶5，也就是说，房价只需要上涨 10%，投资者就能赚取 30—50% 的收益。同样的资金量投入，杠杆可以成倍扩大收益率，当然，也会成倍扩大损失。投资者没有不贪婪的，这是人的本性之一，所以，房地产将永远是投机者的天堂，昨天是，今天是，明天也是。

短时间内，房地产价格的波动幅度确实不如股票、期货，流动性也不如股票、期货等投资品，但大多数情况下房地产的安全性要比股票、期货等金融投资品强很多，即使在经济萧条的环境下，房地产依然是最坚挺的投资品之一。

从投资技术来说，即使牛市中找到一支年内翻倍的股票也很难，可房地产在牛市中可以随便买，只要买到就会普涨。更重要的是，房地产的牛市一般会持续数年、十几年、几十年，普通人都能看清楚；证券动荡，牛市很难持续一年以上，一般数月之内就完成了牛熊交替，普通人很难分辨。

曾经有一种流行的观点，房价上涨是先购房者对后上车者的盘剥：先购房者仅仅是购买了房子，什么也没做，却要让后来买房的人付出几倍、十几倍、几十倍的价钱，甚至是后来者一生的收入预期。

这种说法听起来很有道理，其实不然，房地产确实是一个财富分配的游戏。房价上涨固然会导致财富重新分配，但反之亦然。买房与否是一个投资方向的判断，任何一次投资都是个人经历、眼光、胆魄等因素的综合判断，购房确实有增值收益，同样要承担贬值风险。如果房价暴跌，还会有人说先买房者是对后上车者的剥削吗？

第6章

苍穹之变

市场落九天

没有人想到，南门亦菲收紧银根，小镇楼市会下跌得如此惨烈，数月之内西门附近的房价跌去了70%。一般来说，房地产首付只有30% ~ 50%，没有任何征兆就直接跌穿了商业银行底线，如果人们选择断供，商业银行马上就面临一场新的挑战。

随着房价暴跌，小镇上的每个普通人都感觉到了凛然寒意。一段时间以来，无论大规模机器生产的纺织、冶铁、煮盐，还是传统的农耕、畜牧，每个行业都像是突然被施了魔法，热火朝天的生产景象再也不见了，市场像是凭空消失了，取而代之的是大量库存积压，工厂纷纷降薪、裁员，很多人都不知道明天在哪里……

西门的茶馆已经正式成为小镇的股票交易所，是小镇的标志性建筑，来小镇游历的人都会来这里转一转。人们从门口梧桐树下露天交易转到室内交易，而且这里形成完备的交易机制，交易指数被称为“华夏指数”，交割单、打印机等设备也开始应用。尽管这里正式的名称是“华夏交易所”，但人们仍然喜欢聚集在这里谈天说地，因此，我们也仍旧称其为“茶馆”。

没有人想到，华夏交易所会经历如此灰色的一天。没有任何征兆，华夏指数开始直线暴跌。

上官煦炎本来不是什么股评家，现在他的身份只是个倒腾房子的经纪人。一个偶然的机会他在交易所门口大放厥词：我看股票市场早晚得像房市一样崩盘，谁让南门亦菲如此胡作非为的?

确实有人注意到了上官煦炎的话，一个可怕的谣言开始在大街小巷流传：上官煦炎在楼市上赚到的钱十有八九都亏到了股市里，市场确定要崩盘了！犹如魔咒一般，当天下午交易所放巨量下挫，其根本不是因为上官煦炎的预测才使得股市下跌，而是市场下跌后人们才发现上官曾经大放厥词。

就在市场暴跌的那个下午，南门亦菲带着小镇银行家们来到证券交易大厅。在众目睽睽之下以报出了 15 只股票的全天最高价，各买 1 万股，其他人也纷纷报价，仅仅收盘前 1 个小时，他们在整个交易大厅就用掉了 20 万镒白银。

第二天，小镇所有的报纸以及公告栏有了类似醒目的标题——南门姐妹及小镇银钱业出手救市。文章列举了昨天下午的交易，言之凿凿地说南记银行已从蓬莱岛等各地调来了整船黄金。

英勇的救市行动给市场带来一丝暖意，市场奇迹般好转了，第二天收盘的时候很多股票以上涨报收。

然而，还没来得及喘口气，市场就给大家上了生动的一课。华夏指数在一个交易日居然跌去了 15%，此前即使在蓬莱泡沫的时候也未见过如此跌幅。

在市场交易中，一旦遇到暴跌，就会有操盘手成倍报出空单以挽回前期损失，这就更是一场循环暴跌。很多人买股票的钱是在银行借的，又以股票在银行做抵押，如此跌幅，银行很快就要强行卖掉他们手中的股票来抵债，到时候这些人就会一文不名！

最要命的是，不仅繁荣的华夏小镇如此，蓬莱岛以及目光所及的世界全部如此，房地产和股票都出现了断崖式下跌。

有人开始指责南门亦菲，正是她当初打压房地产才让整个市场崩溃，现在的问题不是如何控制暴涨，恰恰相反，应该马上阻止市场暴跌！

所有人把目光投向了南门亦菲，南门亦菲确实拿出了魄力，动用所有商业银行存在中央银行的保证金支持市场。同时，轩辕、长孙、太史这些家族向市场注入真金白银，试图拉动市场上行。

还有用吗？无论银钱界怎样呼吁，无论注入多少真金白银，无论股票市场还是房地产市场，都悄无声息。非但如此，股票抵押贷款短期拆借利率仍旧上涨至50%。这个数字简直是天方夜谭，原本借款的人就已经还不起本息，如此高昂的利率，让整个小镇无法承受，市场在一天天的疲态中越陷越深。

在凛冽的经济寒冬中，小镇和整个世界一起被冰封：房价暴跌、工厂破产、工人失业……没人知道为何世界突然从繁华陷入了萧条，难道南门亦菲真的不应该打破房地产泡沫吗？到底怎样才能挽救小镇乃至整个世界的经济？

一个深夜的晚上，小镇所有银钱业、大商铺掌柜被集合到轩辕家中开会，因为南门亦菲下令中央银行在毫无储备的情况下印制了1000万镒白银的银行券，也就是说，小镇中央银行将大量增发货币。同时，南门亦菲在这1000万钞票上做好了暗记，商业银行必须兑付金银给储户，但不准商业银行持这批银行券到中央银行提现，待市场好转后由中央银行逐步收兑。

“这分明是欺骗！你让我们兑付，你却不兑付给我们，跟把我们推到火坑里有什么区别？”西门婴隆第一个拍案而起。不过西门婴隆好像没有说错，没有丝毫储备的情况下让各家银行接受这种银行券，南门亦菲确实在欺骗。

“当时救市的时候你南门亦菲怎么承诺的？现在怎么能干出这种事来！”东门嘉运也跟着吼道。

就连长孙东阳也有些惴惴不安，问道：“亦菲，想过这个方案失败的后果吗？如果市场不肯接受这种银行券，甚至出现质疑，包括中央银行在内，整个银行体系和社会信用就要毁于一旦！”

会场气氛异常压抑，坐在南门亦菲旁边的轩辕启恒开口了：“长孙、西门、东门，你们说得都有道理。如果市场不承认这批银行券，银行体系、信用体制乃至商业体系怕是立刻就得破产。可有更好的方法吗？诸位还有谁能提出更好的方法？不这么做，银行体系就不会破产了吗？这不是欺骗，是权宜之计。”

会场异常安静，轩辕说的是事实，市场不接受债券就会破产，如果市场接受呢？或许还有一线生机。渐渐地，人群不再骚动，绝大部分掌柜默默地签字，认可南门亦菲提出的条件，认可明天发行的1000万两银行券就是现金，而这些现金将注入小镇乃至世界的金融系统。小镇乃至世界银钱业都像一个快要渴死的人，终于看到了淡水，大家太需要这笔钱了，即使没有储备也都愿意接受。

午夜时分，房间里只剩西门婴隆一脸阴沉地坐在那里，他没有签字，且态度非常强硬：“南门掌柜，如果今天我承认了你们这种银行券，明天我能不能自己发行没有储备的东西？其他银行能不能发行这种没有储备的东西？你让我接受这种玩意儿，总得告诉我将来的规矩是什么吧？”

面对这位曾经的老对手，南门亦菲什么也没说，在静默中突然转身离去，把惊愕的西门婴隆留在了大厅。更让西门婴隆想不到的是，南门亦菲离开的时候“咔嚓”一声把客厅大门上了一把大锁头，西门婴隆被独自留在了大厅。

西门焦躁地等到了四更时分，南门亦菲也没有出现，只有轩辕启恒拿来一张纸递到了他面前：西门，这是你的笔，签字吧！

望着窗外微微吐露晨曦的天边，西门长叹了一口气，签上了自己的名字。

专题 6–1：

1929 年大危机回顾与思考

1929 年末，数月之间纽约证交所上市股票市值缩水了 40%，2600 万美元市值蒸发（当时美国 GDP 每年也就 1000 亿美元，1933 年下降到 560 亿美元）。与萧条股市相伴的是银行大面积倒闭，1929 年当年有 659 家银行破产，1930 年攀升到 1352 家，1931 年达到 2294 家，1933 年美国银行总数的 28% 破产、停产整顿或改组。接下来，包括农产品在内的商品价格大幅下跌，大量企业倒闭，失业者收入急速下降，进而生活水平和社会繁荣程度随着下降。

这次大危机很快波及全球，包括中国在内的全球金融业都出现了信任危机，伦敦、巴黎、上海、东京都出现了类似情况。尤其是银行破产使得人们的财产在一夜间化为乌有，繁荣时期借贷消费、房贷体系乃至消费分期付款全部成为沉重的负担，这时候人们才意识到经济原来会有“衰退”和“萧条”。

大危机后美国联邦政府最大的救急措施是开足马力印钞票，切断了美元与黄金间的兑换机制。最疯狂的一天联邦政府在24小时内印刷了20亿美元，分送各州立银行以应对挤兑。同时，美联储发出公告威吓敢于提取大额黄金的人——不准提取大额黄金，否则将公布提款人名单——上了名单，劫匪在等着您！

最具争议的措施是1933年6月通过的《格拉斯·斯蒂格尔法案》（《1933年银行法》）、《1934证券交易法》。根据这两部法律，证券和银行必须严格分离。联邦政府成立美国证券交易委员会，即今天大名鼎鼎的SEC。SEC有着无远弗届的权力：可以调查任何人、任何对象，当事人不得拒绝。最离谱的是集体诉讼和辩方举证：集体诉讼即如果有一个股民诉讼获胜，所有利益相关者将自动获益，如此证券市场造假者将倾家荡产；辩方举证则把举证责任推给了被告，若被告不能证明自己无罪，则会被判有罪，即“疑罪从有”。

两部法律颁布至今，来自美国经济学界的讨论从未停止过，结论众说纷纭，至今没有一个确定的答案。也许经济学本就是一个涉及人类社会演进的学科，终究不可能像自然科学一样精准。

盛衰循环的辩论

人们开始反思，到底是什么造成了这场危机？

银行信贷收缩导致房价下跌，接着发生了股市崩溃，进而全世界都陷入寒冬。危机成因归根结底是因为小镇的金融体系吗？还是有其他原因？小镇乃至整个世界能不能逃离周而复始的金融危机？有什么方法能快速让小镇再次回到辉煌？

小镇茶馆关于危机的讨论如火如荼，有人把南门亦菲拉下神坛，她错误地收缩银根、打压房地产市场，才造成后面的信用崩溃；有人继续痛斥上官煦炎，正是这种无良的人才导致市场信用崩溃；有人开始质疑借钱购房、借钱消费的概念，这种消费习惯透支了小镇的未来……

突然有一天，茶馆里有人提到一个问题：金融危机是“蓬莱号”出海之后才出现的，为什么之前没有金融危机？

轩辕启恒对这个问题非常反感，言下之意，金融危机是我造成的？不过，轩辕启恒并没有反驳，对方的问题并没有错，“蓬莱号”出海之前小镇确实不存在金融危机，危机跟他出海寻金有着莫大的关系。

想了想，轩辕启恒反问了这样一个问题：一个没有金融危机的时代，生产生活水平将永远在维持生存层面徘徊；一个生产生活充满创新的时代，人们富足，但要时而忍受金融危机的侵袭。这两个时代，你选择哪个？

“蓬莱号”出海之前，小镇日出而作，日落而息，居民世世代代过着一种恬淡的田园生活。田园生活没有什么贫富之分，固然美好，却也没什么变化，甚至连银钱都很少使用。如今，小镇新鲜事物层出不穷，人们终于见识了轰鸣的机器、奔驰的铁马和火轮船，甚至有了电影、留声机、收音机、电视机，生活极大改善；“蓬莱号”改用机器动力之后往返蓬莱岛从六个月缩短为两个月；至于粮食、布匹，似乎取之不尽，用之不竭，原来十年的收成现在一年就可达到。

轩辕启恒清了清嗓子，开始了经济学阐述：“跟今天相比，原来的时代只能说是‘生存’，因为我们只能维持生存，能吃饱穿暖就很不错了。生存时代没有剩余，没有货币，没有银行，更没有今天所谓的‘经济运行’，小镇作为一个集体才能抵抗自然灾害，靠一个人生存都会成为问题。这时候我们什么都缺，最基本的食物和衣服都缺，无论生产出什么东西都能被消费掉。生存时代没有货币，哪来的市场？没有市场，那里来的金融和危机？可是，你愿意回到生存时代吗？”

没有危机，同样没有财富，纵然有危机，可总有富足的时候，谁又愿意永远生活在一个一成不变、只有灰黑色调、没有希望、没有明天的世界？

轩辕启恒这番宏论没有说到金融、银行、危机，东门嘉运冷笑着说：“我们不否认‘蓬莱号’出海给小镇带来了财富，也不否认你对小镇做出的贡献，可这与银钱业、南记银行、南门姐妹有什么关系，莫不是你在替南门姐妹你们这伙人推脱罪责？”

危机的成因和事情之间的联系，轩辕已在心中想过很多次，很多看起来毫无关系的事情才是其中根本。

“金融或者说银行只是危机的表现，不是危机的本身，甚至不是危机的根本性成因。我先来问个问题，什么才是真正的财富？赚到钱或者说赚到金银就等于赚到了财富吗？”轩辕启恒环顾着周围的人群。

“钱和金银当然就是财富！”“赚到钱还不等于赚到财富吗？”“如果金银不是财富，那世界上就没有财富了。”人们七嘴八舌地回应着轩辕启恒。

“请记住，钱不是财富，它只是代表财富的一个符号，各种生产资料和商品才是财富。不信？大家可以想一想，我们没有蓬莱岛的商品，没有太史家族的机器，金银能买到这些东西吗？甚至如果世界上只有金银，金银还能买到什么？”

“你怎么能假设世界上没有金银？”“我宁可穷的只剩钱。”“金银当然什么都可以买到！”人们一直认为轩辕启恒在梦呓。

面对众人的不理解，轩辕启恒没有丝毫慌乱，而是举了一个例子：“即使你拥有全世界的金银财宝，如果没人到过蓬莱岛，如果太史弘贺没有发明机器，能买到蓬莱岛的宝石或机器纺织的布匹吗？”

众人的“嗡嗡”声小了很多，轩辕启恒接着解释：“劳动是财富的源泉，但世界上没有哪个富人是靠出卖劳动力致富的。大家别忘了，我们小镇自称赤县神州，人们勤劳、勇敢、智慧，除了勤劳我们还有智慧和勇敢，既敢想又敢做，所以，我们才会有‘蓬莱号’出海，才会有太史弘贺创造机器，才会有今天的新世界。”

轩辕启恒挥了挥手，继续对人们说：“创新，永远是最大的财富源泉，创造一种新的产品，一种新的理念，甚至一种全新的、令人舒适的生活方式，将创造多少财富？大家可以看到，无论蓬莱岛的宝石、纺织，还是后来的轮船、机械，开始只能少数人使用，随着技术发展便可实现量产，让每个人都享受到世界发展的便利。大家可以想象一下，一种产品从无到有，从少数人用到多数人追求，这是多大的一个市场，又能赚到多少钱？”

创造一个全新的产品，一个全新的市场，让全世界的人都去购买，这种创造出来的财富确实令人咋舌！无论远洋贸易、纺织工业，还是后来的钢铁、汽车、房地产，都给人以全新的生活，也都是每个人欣欣向往、哪怕花掉毕生钱财也在所不惜的，如此焉能不创造财富？

可是，这些与金融有什么关系？

果不其然，东门嘉运问道：“轩辕说得很对，可这跟金融危机有什么关系，难道创新就能避免危机了吗？”

轩辕没有回答东门嘉运，反而问道：“你跟西门也是做银行的，通常都贷款给谁？会贷款给赚不到钱的人吗？会给人雪中送炭吗？”

东门嘉运想都没想就回答道：“那怎么可能，我们银行是做生意的，生意人要有生意人的操守。雪中送炭那是慈善家的专长，我们可是商人，又不是慈善机构，只做锦上添花，钱只能贷给有还款能力的人。”

“对啊，银行只借钱给能还钱的人，这就是最大的商业道德。”轩辕启恒一拍掌，“谁最有还钱能力？当然是最有钱的人；谁最有钱呢？当然是创新者！回头来看，如果没有商业银行体系，越洋贸易不可能如此便捷，就没有足够的本金扩大船队；如果没有商业银行体系，太史家族的工业体系也无法迅速发展，不可能像现在一样把产品卖到全世界；如果没有公债支持，蒸汽机就更不可能迅速普及到各个行业，是银行用钱点燃了创新之火，我们才有了今天的财富与生活。”

东门嘉运不由发出一声冷哼：“银行当然是财富的柴薪，可南门亦菲身为小镇银钱业之首，要对现在的情况负什么责任？轩辕先生不要顾左右而言他！”

“抽丝剥茧方能正本清源。”轩辕摇了摇头继续说，“创新带来了利润，金融又无限扩大了利润，加速创新普及。大家想一想，把一种产品普及到全世界需要多少产能，需要建多少工厂，又需要多少运输的船只？创新从庙堂之高到普罗大众，产能需要扩大多少倍，可在全社会普及之后还有这么大的市场吗？原来的产能去哪里消耗？‘蓬莱号’带来了海外商品，对我们是一种创新，就在创新无以为继的时候我们有了机器生产，机器生产普及到每一个环节、每一个领域，甚至普及到了全世界，我们还有多少市场利润空间？”

南门亦菲在小镇银钱业声誉一向很高，因为房价暴跌的原因，市场转而对南门亦菲很有意见。如果想把南门亦菲从央行行长的位置上扳下来，现在是最好的机会。表面看轩辕歪理连篇，这些跟房地产市场资金链收紧有什么关系？说到底，轩辕启恒还不是在为南门亦菲开脱。

“那又怎么样呢？原本红红火火的市场，南门亦菲非要收缩贷款，从古至今哪家企业哪个人不借钱买房。银行不借钱还要往回抽钱，原本能正常还钱，硬被抽走了鲜血，哪个企业能不垮？哪个人能撑得住？”

面对咄咄逼人的东门嘉运，轩辕启恒丝毫没有示弱：“如果我能建造更多铁甲海船，太史家能建造更多机器，能赚更多的钱，西门银行会借钱给买房的人还是借款给我们？有稳定的大企业，谁会贷款给个人？因为市场萎缩，没有那么大投人，所以资金才流向房地产，所以银行才会贷款给个人。如果不控制，今天的房地产就是当年疯涨的蓬莱泡沫，蓬莱泡沫只是股票，房地产可是涉及小镇所有人甚至几代人的积蓄，几十年的未来，我们输得起吗？”

就算收益低一些，银行都愿意把钱借给大的企业，一劳永逸而且风险还小。个人贷款单笔金额小，赚的少，风险高，如不是没办法，谁也不会把精力投在这上面。东门嘉运是经营银行的人，这个道理当然懂得，但也不想这样被轩辕启恒说服，他整理了一下思路又转移话题："说了这么多，跟危机有多大关系，当前的困局怎么造成的？又该怎么办？"

轩辕启恒没有直接回答，而是环顾了一下茶馆里的人，悠悠地说："一种开天辟地的创新必然带来开天辟地的市场，也就必然会有开天辟地的利润。只要有钱赚，借钱我们也要干，放到谁身上都一样。这是我们和银行的共同利益所在，也是小镇迅速繁荣的原因。可大家想过没有，小镇的每个人，蓬莱岛乃至目光所及世界的每个人都用上了这些东西，当初的市场在哪里？当初的利润在哪里？我们的产品卖给谁？当初的产能还在，当初赚的钱还在，又该去哪里？明明已经赚不到那么多钱了，我们还想继续昔日辉煌，怎么办？房地产市场，股票市场，如果不加控制，就是一次次更惨烈的蓬莱泡沫！"

轩辕启恒的话很有道理，钱总想赚更多的钱，如果没有赚钱的机会就会自己创造机会，而炒作股票或房地产就成了最好的选择。现在创新的市场已经消失，钱从流入房地产、股市到人们对繁荣信心崩溃，应该怎么办？怎样才能走出困局？

轩辕启恒信心满满地拍了一下桌子："很简单，我们就把这个世界再创造一次！"

专题 6-2：

金融危机成因第一次探讨：当创新已衰竭

这一节，我们借一场轩辕启恒和东门嘉运的对话阐释了金融危机的本质，开始金融危机的第一次讨论。经济繁荣的根本原因是大创新，不是货币扩张；同理，经济萧条的根本原因是创新带来的刺激衰减，不是货币收缩，从繁荣到危机不过是将整个过程以金融的方式记录下来罢了。

抽丝剥茧，让我们一起回顾 1929 年大危机和 2008 年全球金融海啸的历程，脉络便顿显舒朗：

……第二次工业革命（信息技术革命）→经济繁荣→流动性宽松→股市飞速上涨（房价飞速上涨）→刺破泡沫→股价（房价）下跌→市场信心下降→金融机构倒闭→全球金融危机……

由此看出，1929 年大危机、2008 年全球金融海啸的逻辑是一致的，其实每一次金融危机的逻辑都是这样的，也就是我们所谓的金融第二定律。

改变世界的创新在当代经济学中被称为“毁灭型创新”，所谓“毁灭”必定是开天辟地，以新产业毁灭旧产业。新产业必然创造巨大的利润，并对应融资方式的改变，也就是金融革命配合产业革命。金融革命一旦出现，人们便能轻易获得资金，其后模仿者蜂拥而至，投资新产业、投资新产品……“毁灭型创新”注定改变了人类社会生活，工业革命、电气革命、信息技术无不如此。

世界有阴阳，创新有始终。

任何一次“毁灭型创新”都有相似的历程，创新开始的时候会生产奢侈品，随着创新延续成本逐渐降低，普及到草根大众的时候，创新使命就基本结束了。理由很简单，没有市场再创造利润了。现有产品会不断改进，推陈出新，也就是当代经济学中所谓的“延续型创新”。无论怎样改进（比如，晶体管电视与平板电视）“延续型创新”，也不可能与“毁灭型创新”创造的市场相比。“延续型创新”的力度会随着时间衰减，市场也会一点点萎缩，直至市场空间变成常量，创新便可被视为停滞。

创新停滞了，投资还要继续。前期积累下来的利润还要寻求收益，而且最好是跟之前相同的高收益，流动性过剩便会出现。没有产业投资渠道，钱会去哪里?

答案是：泡沫。

人类之所以能成为万物灵长，最根本的原因是能制造工具，也就是说人类具备改变这个世界的能力。即使泡沫破灭了，人还得生存，还要继续创造财富。在利润的驱动下，“毁灭型创新”一定会再度来临，以一种与之相匹配的金融业态出现，于是人们会再度进入一个崭新的世界，经济会再度繁荣。

200多年来，金融危机或者说经济危机的内核始终没有改变。工业革命后被倒掉的牛奶，就如同2008年倒下的雷曼兄弟，两者并无二致，都是因为创新的潜力耗尽，只不过一个是工业革命，一个是信息化，创新创造的市场走到了尽头。

投资银行：人类第二次资金大融合

人们对萧条习以为常的时候，改变却在悄悄地发生。

轩辕启恒有一个徒弟叫司马馥铭，平时喜欢做一些小实验，原本人们以煤油灯、煤气灯照明，司马馥铭却搞了一个发电机，希望以电能提供照明，并将未来这个电能采光的东西叫作“电灯”。

看，一道闪电就能照亮整个世界。可惜闪电只是一瞬间，如果把瞬间的光明留在世界该多好啊！

此时的轩辕启恒已经把船队交给弟子经营，自己则开始思考一些新的问题：究竟小镇还能不能重现之前的辉煌？司马馥铭的想法引起了他的兴趣，是啊，如果黑夜能亮如白昼，世界将是怎样的世界？

司马馥铭没有想到轩辕启恒如此支持自己，研究电能、电灯需要耗费大量的材料，也需要买材料、雇员工、租场地……需要很多钱，每天大概在 1 镒黄金左右。司马馥铭只是一个学徒，没有这么多的钱，如何能支撑自己的实验？

答案是轩辕启恒承担了所有的实验费用和生活费用。而且，轩辕启恒把司马馥铭的试验场安排在了自己的府邸中，在这所雕梁画栋的四合院里，司马馥铭每天拆了装、装了拆，把这个家弄得千疮百孔。

司马馥铭付出无数个日日夜夜后的一天，轩辕启恒宣布今晚要举办一场家宴，给人们一个惊喜。在这场家宴前，轩辕和司马第一次点亮了住宅所有的电灯，美轮美奂的四合院亮如白昼。

终于留住了闪电，人类震惊了！

就在这一年的除夕夜，轩辕启恒在小镇西门茶馆门口的广场上点燃了 60 盏电灯。人们都知道这个奇异的仪式，一早就聚集在广场，目睹黑夜犹如魔法般被点亮，普通人无法理解，还以为是什么魔法。人们高喊“馥铭万岁”，殊不知点亮万家灯火的不仅仅是电流，还有轩辕启恒源源不断的金钱。

轩辕启恒不是慈善家，他是一个商人，其任何举动不会仅考虑公益慈善，更重要的还是利益。电灯表演不仅是为了庆祝新年，更重要的是展示未来的可能。从华夏小镇到蓬莱岛，从各个岛屿到内陆纵深，当全人类的黑夜被点亮，将创造一个多大的市场，又将带来多少利润?

更重要的是，电能既然可以点燃电灯，也一定可以作为动力。从此，无须煤炭和火焰，无须石油和煤气，就连蒸汽机也将彻底成为历史，世界上只有一种看不到的能量在流动！

砸烂旧世界，点亮一个新世界，轩辕启恒将掌握全世界的财富！

在接下来四年一度的世界博览会上，轩辕启恒第一次用 1000 盏电灯向世界展示了这次发明，亮度从几十烛到上万烛不等，交易所门口的一盏灯亮度最高，直径长达 150 厘米，亮度为 6 万烛，金融交易所的大门第一次在夜晚向人类打开。

就在这次博览会上，轩辕启恒宣布成立“轩辕 · 司马电灯公司”，将为全世界提供电能和照明。

世界博览会让轩辕启恒取得了巨大的成功，但事情并没有轩辕启恒想象的那样顺利，订单也没有雪片般飞来。

人们看到黑夜被点燃，疯了一般探寻电灯的究竟，但这玩意儿看起来很美，却不能用来赚钱。

实际上，发电、输电没有很高的技术门槛，电灯制造就是一种材料试验。司马馥铭可以用竹丝制作电灯，其他人还可能选择更好的材料，比如钨丝，寿命可能更长。一时间，轩辕启恒在小镇成立了电灯公司，蓬莱岛也出现了自己的电灯公司，甚至其他市镇也在组建自己的电灯公司……

更重要的是，电灯需要电能，电能需要发电厂，需要架设输电线路，这是很大的一笔投资。大家都看好这门生意，蜂拥而至投资电厂、输电网、电灯，可惜就算轩辕启恒也入不敷出。最初商业银行也看好这门生意，争先恐后贷款给各家电灯公司，随着时间的推移，包括“轩辕·司马电灯公司”在内，就没有足够的现金流覆盖成本。

很快，电灯公司变成了一个烧钱的生意，谁铺设线路越多，谁的投入越大，谁的亏损也就越大。况且初创时期的电厂和电灯公司需要革新的技术太多，大家争先恐后投入，又在技术上争吵不休，更让各家的财力捉襟见肘。

电能分明是一次能改变世界的创新，小镇乃至世界却再次站在了十字路口，这样的技术应该如何发展?

司马馥铭异常自信，坚持独立发展电灯公司，他的技术将在未来三到五年彻底击溃其他对手。与此同时，轩辕启恒的信仰也非常坚决，未来三到五年内不只是击溃所有对手，还要赚到最多的钱!

这样的十字路口，选择权就留给了金融家，也就是轩辕启恒。与工程技术人员相比，金融家也有信仰，金融家的信仰更符合实际——只有能赚钱的技术才是真正的好技术，也只有实现商业化才能普惠于万众生灵。

轩辕启恒开始思考，发电、输电已经不是当年机器时代的纺织、食品加工，这门产业只有达到一定规模才可能有更高利润。供电需要庞大的输电网络，网络越大单位输送成本越低，企业越有效率；反其道而行之，每一家电灯公司都独创一套输电线路，既浪费成本又高。再说技术革新，如果集中在一家企业，技术路线清晰，就不会有过多的重复和浪费；如果各自为战，投入就成了无底洞。长此以往，任何一家电力公司都无法支撑，最后还会被害得灯枯油尽。

随着电能的兴起，小镇又有了很多行业，这些行业都天然具备垄断性，石油、铁路、钢铁……电气化时代行业大多如此。

可能是长期在海洋上与风浪拼搏，轩辕家族更擅长联合而不是竞争。在轩辕启恒看来，赚钱就是胜利，不一定非要打败对手，还有可能是双赢，大家一起赚钱。

关于电能的前景，轩辕启恒的信条是：竞争是浪费时间，联合和合作才是繁荣和稳定之道。

在即将到来的电气化时代，这句话即将成为最佳实践。

多数人赞同轩辕启恒的这种理念，为了赚钱，何不联合起来？成本下降，利润上升，大家一起有钱赚。小镇绝大多数电厂同意轩辕启恒的提议，大家开始坐下来谈判，准备组织一家电力公司。

在这个世界上，不是每个人都只为了赚钱，轩辕启恒的学生、电能的发明者司马馥铭就是这样，他执着于技术革新和改造，后来因为技术路线与轩辕启恒不合被赶出了“轩辕·司马电灯公司”，“轩辕·司马电灯公司”也改名为“轩辕通用”。

司马馥铭这样的人注定不会寂寞，他很快加入临近西乌镇的电力公司。如果单纯从技术效率来讲，西乌电力比轩辕通用强很多。

轩辕启恒原以为西乌电力也会和其他市镇上的电力公司一样欣然合

并，毕竟西乌电力公司本身也难以为继。完全没有想到，西乌电力直接拒绝了轩辕，这家公司的创始人是一群技术人员，执着于技术创新。

轩辕出身航海贸易，投资了司马馥铭，又把司马馥铭赶出公司，这样的人懂什么电能，不过是个铜臭满身的人罢了。赚不赚钱无所谓，必须跟轩辕斗到底!

轩辕启恒称雄海上多年，无论在蓬莱岛还是小镇附近的其他市镇，都是一言九鼎的人物，他这样的人自然不可能屈服于曾经的徒弟手中，更不可能面对利益束手待毙。看到司马馥铭义无反顾，轩辕启恒也亮出了自己的獠牙!

除非具备绝对实力，战争中最大的威慑是含而不发，金融市场也一样。

在金融市场，消息未落地之前最能激发想象力，轩辕在生意场摸爬滚打多年，当然深谙此道。箭在弦上，引而不发，这时候最有威慑力，没人知道未来是什么结果。真的事到临头，一切都很清晰，人类对确定的损失（收益）感受远不如对未知的恐惧（贪婪）深刻。

在一次茶馆的聊天中，轩辕启恒不经意间向茶客提到一件事：迅速扩张的电力公司将会面临破产威胁，陷入财务困境。轩辕没有指明自己说的是西乌电力，他所说的只是一个常识，西乌电力因为技术过硬而迅速扩张，迅速扩张必然导致天量投资，西乌电力也欠下了巨额外债。

轩辕启恒在金融界的影响尽人皆知，即使南门亦菲也要靠他支撑，众所周知的事实，从他嘴里说出来就变得完全不一样。

硬币的一面，西乌电力公司扩张非常快，市场占有率迅速增加；硬币的另一面，是西乌电力公司负债率非常高，现金周转不灵。在轩辕的口中，大家只看到资金流紧张的一面，负面前景被无限放大，人们的理解就变成了这样：西乌电力将立刻陷入财务困境，面临破产威胁!

众口铄金，积毁销骨。在金融市场上，如果大家都这么认为，那这件事就一定会发生，这就是所谓的“预期自我强化”。果不其然，西乌电力股票应声被抛售，从前顾客盈门，如今债主堵门，立刻陷入濒临破产的边缘。

在强大的轩辕启恒面前，西乌电力被迫签订城下之盟，全部并入轩辕电力。随后，轩辕启恒以轩辕电力为班底成立了轩辕财团，终于拉开了摩登时代的大幕。

专题 6-3：

人类第二次资金大融合：产业链资金融合

人类第一次资金大融合是农业与工商业资金融合，这次资金融合缔造了商业银行，同时也刺激了工业革命。人类第一次资金大融合缔造了稳定的现金流，随着第一次资金融合完成，商业银行才能将稳定的现金流借给工商业。但是，由农业而来的资金一般不足一年，只有几个月，所以，最初商业银行借款一般也只集中于流动资金贷款，借款期限不会很长。

电气化革命需要巨大的投资，原始商业银行这样的资金稳定期不可能满足电力、石化这些行业的需要，随着电气化革命出现，产业发展亟待新一代金融机构支持。

在小镇故事里，轩辕启恒主导了小镇及其周围市镇的电力公司合并，这种业务的原型便是投资银行的雏形。在电气化革命中一批重资本产业应运而生，电力、钢铁、铁路、汽车、石化，可以说电气化是现代化的根基所在，是人类打开摩登时代大门的门票，为了得到这张门票，必须有足够的钱！

与第一次融合工农业资金不同，人类第二次资金大融合是融合了一个行业所有链条上的资金，集中全行业资金突破行业瓶颈，最终使得行业得以快速发展。这种集中全行业链条资金的金融机构被称为“投资银行”，这种业务被称为“并购”，投资银行创造了第二次金融革命，也给了第二次工业革命关键的资金支持。

1898—1903 年是电气化的高潮，也是投资银行并购业务的高潮，5 年间美国共有 279 家巨型企业实现了兼并重组，造就了一批富可敌国的公司，至今人们仍旧耳熟能详，如美国钢铁公司、洛克菲勒标准石油公司、通用电气、美国石膏肥料公司、国际收割机公司、杜邦公司。其中，最著名的摩根财团在美国排名前 120 名的公司中占 341 个董事席位，总资产合计 220 亿美元，是密西西比河以西 22 个州全部不动产的总和。

人类第二次资金大融合实现了产业链中的资金流动，造就了投资银行，也对美国经济转型与发展起到了巨大的推动作用。当时投资银行主导的并购中，目标企业拥有互补性资源，注重研发和创新，着力整合各方资源。一旦在大部分行业完成了上下游企业并购，美国工业结构便出现了永久性的变化，国民经济集中化程度空前提高，伴随而来的则是规模效益和垄断利润。

从此，第二次工业革命克服了投入资金不足的问题，人类终于迈入了后电气化时代。

投资银行的兴起不仅仅是支持企业并购，更重要的是介入国债承销，支持国家基础设施建设和对外战争。表面上美国是一个自由经济的国度，联邦政府很少介入经济。实际上在美国向电气化时代前进的时候，联邦政府通过投资银行募集国债，又将国债投入基础设施建设和对外战争。1894 年中日甲午战争时，美国已成为世界第一经济大国，工业品产量相当于英、法、德三国的总和。

一系列并购缔造了世界上最庞大的托拉斯，托拉斯在带来巨大利润的同时也带来了一系列问题：对内，财富过分集中，1913 年仅洛克菲勒和摩根合起来就占了美国财富的 1/3，或者说这两个人占了世界财富的 1/10；对外，托拉斯已经开始影响联邦政府决策。他们利用经济实力左右议员，进而决定美国政府内政外交。

在这个世界上托拉斯并非无敌的，而是有着天然的敌人，那就是各州政府、工会和农民协会。大家反对托拉斯的理由很简单，就是财富不均：州政府在托拉斯身上收不到税，工人农民赚不到钱，于是就送给托拉斯一个响亮的绰号“Evil”（邪恶）。

个人财富追求能否损害社会公共福利？答案显然是否定的，保护个人财产必须以保护社会福利为先决条件，如果以损害社会福利为手段谋得利益，就必然是非法的。在一场声势浩大的“觉醒运动”中，1914 年美国国会通过了《克莱顿反托拉斯法》，终结了托拉斯的辉煌。

再造辉煌

投资银行出现之后，大型化、集中化、社会化的生产方式已经形成，巨大的利润刺激了人们的想象力和创造力，为小镇再次打开了全世界的市场，也为华夏小镇打开了财富之门，真正辉煌的摩登时代来临了：

——在太史弘贺的倡导和资助下，小镇第一次出现了“大学”，对知识的探索也不再停留于凭经验和感觉制造机器，而是开始研究算学、考工等。“知识是力量的源泉！”随着太史弘贺提出这样的口号，人们逐渐意识到真正的知识是在经验的基础上归纳、分析、实验得来的，不可能是凭空想象。

——电力替代蒸汽机成为最主要的动力，机械动力迅速完成了从蒸汽机到电动机的转换，随之而来的是动力和生产效率成倍提高。动力系统的改变引出了一系列革新，尤其是冶铁技术脱胎换骨。小镇的冶铁业原本就很发达，之前是用煤炭和木材锻铁，随着电能的普及，电钢炉在冶铁行业被广泛应用，此时生产的已不再是铁，而是钢材。有了上好的钢材，机器制造、交通运输、生活用品等一系列重大的变革便成为可能。

——电力技术刺激了通讯革命的爆发，太史弘贺发明了可以远程通信的电话，电话逐渐成为最常用的通信工具。随后，建立了旭颖工业实验室，研发出一系列通信器材，电报、电台。大家都知道信息是金融业的生命线，金融市场中哪怕早一秒得到信息，都可能有完全不同的交易结构。从此，信息开始以光速在电线中传播，蓬莱岛上哪怕有人抓住一只海鸥，华夏小镇也能马上同步知晓。

——电力的出现催生了炼油技术，石油在华夏镇自古有之，只是一种燃料。一个叫沈括的人发现了石油的新用途，石油不但可以提供燃料，还能够分馏和裂化，分离出化学纤维、塑料、燃料、石墨。更重要的是，电力、石油同时催生了内燃机技术，使得汽车、火车和飞机成为可能。小镇原本曾出现过蒸汽动力汽车和飞天爱好者，只是蒸汽动力汽车无法真正使用，而飞天爱好者只能在天上滑翔。石油、钢铁、内燃机的创造组合，催生了汽车、火车和飞机的使用，随后又带动了橡胶、仪表等众多行业。

铁路、石油、电能、钢铁、汽车建立了一个崭新的华夏小镇，让华夏镇高耸入云，瓦斯灯、煤气和蒸汽彻底成为历史，没有火焰、没有木炭、没有油，整个华夏只有一种看不到的能量在流动!

电力时代的炼钢、机床、汽车、化工、铁路，这些极富创造性的新产业全是资本密集型行业，刚刚出现的投资银行为其融合了上下游资金，也提供了最有效率、成本最低的融资支持。从此，工业企业可以跳过商业银行直接在市场上融资，融资方式也不仅仅是股票和贷款。

金融为新世界提供了足够的融资，奔驰的火车、轰鸣的巨轮再次把小镇推向了世界的巅峰，所有市镇都在用华夏小镇的产品——只有这里才有如此产能。房地产泡沫破灭后的疲态被一扫而空，华夏小镇成了不夜之城，再次站到了世界之巅。

人们茶余饭后都在讨论一个问题，究竟是什么造就了小镇如巨龙般腾飞的经济，小镇还会经历下一次金融危机吗?

这是西门茶馆中经常被提及的话题，人们不由想起当年轩辕启恒在茶馆的一番高谈阔论。轩辕启恒说得没错，看着小镇的今天，所有人都认识到：引领小镇的是创新，从蒸汽机到电能，从火车到飞机，从纺织到化工……无一不是新产品创造新市场，新市场创造新产业，新产业形成新世界！

一切的关键，是创新。

一次“毁灭型创新”代表着出现一个新的产业，新的产业又代表着形成一个全新的利益格局、一个创新者主导的利益格局。

打破一个旧世界，建设一个新世界！

旧有利益格局一旦被打破，创新者就会成为新世界的主宰。在创新的路径中，银钱业始终为创新提供了充足的燃料——钱，资本从一个天才转向另一个天才，从一个产业转向另一个产业。只要能在经济分工中掌握最核心的创新，就一定能找到世界上最强大的资金，资金每日梦想着寻找更高的报酬。通过金融市场，一个个泡沫被吹出来，“蓬莱号”、纺织、冶铁、电气、汽车……泡沫中这些技术被看成七彩幻影，最终又在金融市场的引导下变为现实。

后来者，也包括模仿者，只能在现有格局之下分割利益。遗憾的是，在一个给定的产业链中最核心的技术一定掌握在原创者手中，即使技术原理很清晰，不用说技术应用的路径很长，就算是工艺传承模仿者也望尘莫及。

换种说法可能更清晰，模仿的引导不是创新，而是模仿创新带来的利益。所以，最有可能被模仿的不是底层技术框架，而是表层商业渠道。技术框架的成长、锤炼需要几年、几十年甚至上百年，市场销售渠道却在瞬间可以完成，谁先占据了渠道，谁就拥有后发模仿红利。

很遗憾，后发模仿红利与原创红利本就不在一个层面，世界上就没有什么弯道，第一次的创新永远不可复制。

第7章

天下之币

华夏纪元

短短数年间，华夏小镇的工业品生产增长了一倍多，如果有指标衡量的话，小镇经济增长率应该超过了30%，海外贸易更是增长了3倍，成为全世界的贸易中心。

华夏小镇引领着世界电力、化工、钢铁、汽车、航空等各个领域最尖端的技术、最先进的工艺，无论在哪个行业，华夏小镇的产品总是价格最低、质量最好，在某种程度上“华夏”二字就代表着最高水平。自然而然，哪怕在最遥远、最落后的地方，人们也一定会追求舒适的生活，全世界只能来到华夏小镇购买工业品或者日用品。

道理很简单——只有华夏小镇能生产。

这段时间，小镇货币已经悄然发生了改变。

铸币、银行券成为华夏央行的专属权利，其他商业银行不再铸币和发行银行券。华夏央行铸造的金银币和发行的银行券（纸币）被视为法定货币，持有纸币的人或者机构可以向小镇中央银行兑换黄金或者金币，华夏元的单位从此变成了“元”。现在，人们把华夏小镇这种可以自由兑换黄金的银行券称之为“华夏元”。

所谓“元”，原本也是“圆”的意思，“华夏元”乃至全世界的金银币都是圆形。原本方形更容易存放和携带，为什么最终世界各国金属货币都选择圆形？也许，货币制形中的“天圆地方”代表着人类探究天人关系的终极迷茫吧？

——航空工业把全世界缩成了一个小镇，华夏小镇商号已遍布世界，轩辕启恒、太史弘贺甚至西门婴隆都开始在小镇之外设立自己的生产基地和店铺，一时间华夏小镇的招牌已挂遍全球，来自小镇的资金、技术、人才引领着世界的风潮。

——全世界著名的商号都来到了华夏小镇。这是一件很有意思的事，华夏小镇作为最富裕的市镇对外投资，大家很容易理解，为何贫穷的市镇也要向发达市镇投资呢？最发达的市镇一定聚集着最顶尖的人才、最公平的交易制度，哪怕是工人手艺都远非其他市镇可比，华夏小镇理所当然成为全世界最赚钱的地方——要想赚钱，来且只能来华夏小镇！

——在全世界的大宗商品交换中金银币已经被淘汰，最好的选择是把金银兑换成“华夏元”。在世界任何地方“华夏元”都是最受欢迎的货币——全世界都有人与华夏小镇做生意，也就必然会用“华夏元”。即使不是华夏小镇的生意，人们也会选择“华夏元”结算。毕竟，不同金银兑换比例不尽一致，用一种大家都接受的货币在意料之中，除了“华夏元”还能有别的选择吗？

……

发达的产业和贸易创造了巨大的财富和商机，仅仅数年之间，华夏小镇已经拥有全世界黄金储备的60%，“华夏元”在全世界成为通用货币。

在各个市镇代表的见证下，华夏小镇和所有市镇签订了《华夏小镇货币公约》，任何一个持有“华夏元”的人或者机构，均可以用“1华夏元=1镒黄金”的兑换比例向华夏央行兑换黄金。

自此，“华夏元”与黄金挂钩，其他市镇货币与“华夏元”挂钩，两者之间的兑换比例被称为“汇率”，也就是各种货币兑换“华夏元”的价格。

华夏央行发行的纸币本身并没有什么价值，背后是华夏小镇超级强大的创新能力和经济实力。人们接受“华夏元”和以“华夏元”为核心的货币体系，究其根本是对“华夏元”购买力的信心，在大规模国际贸易的条件下，商品交易规模越大，使用越频繁，不确定性才越小，才有可能成为世界货币。

此时此刻，在全世界人们的眼里，拿着金银不一定是货币，“华夏元”却一定可以在全世界通用！“华夏元”成为世界货币，造就了一个黄金支撑的世界货币体系，华夏小镇已登顶！

专题 7–1：

汇率二三事：从“布雷顿森林体系”到“牙买加体系”

金银作为货币的时代不需要汇率，大家都是金银，对比一下成色和运输成本就可以了。纸币出现并在各国普及之后才有“汇率”的说法，所谓“汇率”并没有那么神奇，不过是一种货币兑换另一种货币的价格。

简单说，所谓“汇率”就是 1 元人民币可以买多少美元或者其他国家的货币。把汇率说成“以钱换钱的价格”，很多事情就容易理解了。

1944 年各国官方在美国新罕布什尔州布雷顿森林镇签订了一份协议，固定汇率被官方确认，史称“布雷顿森林体系”。“布雷顿森林体系”与金银本位有着千丝万缕的联系，可以总结为两条：一是美元盯住黄金，1 美元= 0.888671 克黄金；二是其他货币盯住美元，美元是全世界唯一的可兑换货币。

“布雷顿森林体系”中的美元就相当于我们小镇故事里的华夏元。

“布雷顿森林体系”刚刚建立就出现了问题，各国货币与美元汇率恒定，这就要求美国维持大规模出超（美元流出），这样各国才可能获得美元；为了维持黄金储备，美元又不能出现大规模流出。

前者是美元必须出超，后者是美元又不能出超，这是一个无法解决的问题，被称为“特里芬难题”，非止美元，任何一种货币都无法实现，“布雷顿森林体系”破产是迟早的问题。

为了解决“特里芬难题”，1971 年，西方主要国家在华盛顿签署了关于汇率的《牙买加协议》，直到今日我们仍停留在这个时代。

所谓的《牙买加协议》，最著名的当属“黄金非货币化”，就是货币与黄金彻底脱钩。于是，我们今天的所有纸币，无论美元、日元、英镑、人民币，还是欧元，都跟黄金没有任何关系。至于货币兑换价格，最大的特点是没有什么规矩：各国觉得固定汇率好就选择固定汇率，觉得浮动汇率好就选择浮动汇率，觉得美元厉害就让本币盯住美元，觉得人民币靠谱就让本币盯住人民币，甚至也可以盯住货币篮子（多种货币）。

说好听点，“牙买加体系”是国际货币多元化；说难听点，“多元”汇率可以不根据市场供求自定，其实就是“心随我动”。钱到底值多少钱，虽然有一系列模型和计算方法，但实际上还是一个国家的自我选择。频繁波动的汇率固然可以调节经济，也给各国经济带来重创，于是我们有了拉美债务危机、墨西哥金融危机、巴西债务危机、东南亚金融危机……

下面，便是可以视为“牙买加体系”中发生的小镇金融故事。

金融江湖，从此多事。

金融星星火，创新才燎原

目睹小镇崛起，长孙东阳开始了自己的思索。

小镇已经崛起，我能不能像当年的轩辕启恒一样，离开小镇开辟一片新天地?

原本长孙东阳就是“蓬莱号”最原始、最坚决的股东，随着小镇日益繁华，长孙贸易行的商品也从农产品、纺织品逐渐变成了钢铁、汽车、仪表、飞机……在蓬莱岛长孙贸易行也算是一块不错的招牌，毕竟任何生意只要有华夏小镇的背景都特别容易做。

与华夏小镇相比，蓬莱岛还是一个相对不开化的地方。也许出于交易习惯，也许出于对银行挤兑的恐惧，人们执着地用金银贵金属交易。

关于蓬莱岛的这种风俗，华夏小镇银钱业认为，蓬莱岛对金融危机的担心是杞人忧天，进而因噎废食。就算大家手里拿的都是金银，一旦发生银行挤兑了，哪怕只有一小部分人持有银行券，社会信用链条一样会崩溃，现金交易不能解决金融危机的问题。为了防止金融危机不用银行券，金融体系必然发展缓慢，代价是什么呢?

“蓬莱号”刚刚到达蓬莱岛的时候，双方差异在于不同的物产，商品互换自然也就成了创新。在当时的起跑线上，蓬莱岛和华夏小镇都处于人类文明的懵懂之中。后来，蓬莱岛对金融天然不信任的态度让产业得不到足够的资金，一来二去就被华夏小镇远远甩在了后面。

华夏小镇银钱业曾经有一个共识：将来蓬莱岛一定会重复华夏小镇的金融发展路径，毕竟人类社会的规律最终都会趋向于一致，统一货币、放弃金银贵金属交易是大势所趋。尽管如此，人们却很少动蓬莱岛的脑筋，毕竟华夏小镇有的是机会，谁也不想去前景不明朗的地方。

蓬莱岛的缺点和优点长孙东阳都看到了，他坚定地认为，自己一定可以改变蓬莱岛，适合于华夏小镇的金融体系一定也适合蓬莱岛，只要有了充足的资金，蓬莱岛前景一定不比华夏小镇差。

既然如此，我总有一天会成为蓬莱岛的金融教父！

为了让蓬莱岛走出洪荒，为了自己的这份理想，长孙东阳把华夏小镇的产业一并交由轩辕启恒打理，他则在南门姐妹的帮助下在蓬莱岛创立了蓬莱银行。

与蓬莱岛本土银行业相比，蓬莱银行虽然不比南记银行，但资本实力在当地最为雄厚，排名第一。在金融的世界里，最重要的是当下，人们显而易见会信任资本更加雄厚的一方。很快，蓬莱银行在岛上取得了发行银行的地位，所发行的“蓬莱元”统一了小岛上的货币。只有南记银行仍旧使用“华夏元”，不过，南记银行在蓬莱岛的业务是汇兑清算，与蓬莱银行之间不存在竞争。

华夏小镇数次身陷金融危机，终腾飞于世界之巅。其中每一步长孙东阳都身在其中，知晓其中奥妙。既然统一了蓬莱岛货币，下一步借助金融之力蓬莱岛岂不也能一飞冲天？

很快，长孙东阳就痛苦地发现，这个想法近乎天方夜谭。

在蓬莱岛，人们向来都认为金银实物才是正统货币，全世界金银都在流向华夏小镇，蓬莱岛上没有那么多资金。换句话说，尽管长孙东阳的蓬莱银行在蓬莱岛是唯一发行纸币的银行，但纸币发行量并不由蓬莱银行说了算，还是要看金银储备量，或者蓬莱银行金库里储存有多少华夏央行纸币。

渴望燃烧着长孙东阳的脑袋，他不止一次问自己，必须有足够的储备才能发行货币吗？华夏小镇危机的时候南门亦菲拿着1000万两没有储备的纸币在市场上发行，不允许银钱业透露消息，不是一样让小镇度过危机，为什么不能依样画葫芦？

蓬莱银行是岛上最强大的银行，加之与南记银行良好的关系，只要蓬莱银行宣称有储备，人们肯定会信以为真。

接下来，人们拿到钱便会创业，到时候有产出、有市场、有利润，很快就能变成真实的金银储备，到时候蓬莱岛将被金融再造！

在南记银行的帮助下，蓬莱银行设计了一套看起来完美无缺的货币增发方案：仿照南门亦菲危机救亡，蓬莱银行增发1000万镒没有任何储备的银行券。

与南门亦菲强力推行毫无储备的纸币不同，蓬莱银行此次增发悄无声息，外界并不知情。为了避免挤兑，在发行新币的时候同时约定，此后1镒黄金以下的银行券不得在蓬莱银行提现，经计算面值1镒黄金以下的银行券总计约1000万镒。如此，蓬莱银行的货币储备与可提现银行券仍恰好匹配。

数日之间，蓬莱岛上的生意人突然觉得自己有钱了，贷款特别简单，利息还出奇低！按照长孙东阳的想法，人们拿到贷款就可以扩大生产，可以干很多之前无法完成的事情，有了钱想干什么就能干什么……

蓬莱岛已经开始应用电力，仅限于核心城区生活之用，电能没有转换成厂区主动力，享受到现代化红利也只是岛上的小部分人。就如同清末民初，中华大地上已经有人用到了电灯、电话、汽车、洋房……但仅仅是一小撮人而已。

蓬莱银行增发银行券（货币），得到这笔钱的人自然是“一小撮人”。然而，令长孙东阳气愤不已的是，得到贷款之后，只有极少一部分钱投入到生产领域，大部分却被用来消费，也就是向华夏小镇换取奢侈品。蓬莱岛看起来确实兴旺了很多，奢侈品店铺鳞次栉比，公路、铁路等基础设施也逐渐完备，遗憾的是，生产能力——尤其是高端产业生产能力没有出现实质性增长。

这时候人们突然发现，蓬莱岛上的物价越来越高。更令人惊奇的是，“蓬莱元”对比“华夏元”的价格一路走高。也就是说，长孙东阳增发货币之后出现了一个奇怪的现象，“蓬莱元”居然看起来比“华夏元”还要值钱，两种货币兑换比例原本是1:1，现在只要0.9蓬莱元就能换到1华夏元。

华夏小镇的生产能力摆在那里，在全世界的流通范围摆在那里，蓬莱岛无论如何也不可能比华夏小镇更发达，理论上“蓬莱元”也不可能比“华夏元”更值钱。

人们惊讶于长孙东阳长袖善舞，究竟用了什么方法？明明物价上涨，“蓬莱元”却能换到更多的“华夏元”？

究竟怎么回事？最清楚的莫过于长孙东阳和南门亦菲。为了维持“蓬莱元”的信誉，之前曾设计过的制度是：“蓬莱元”可以随意兑换“华夏元”，“华夏元”与“蓬莱元”之间的兑换比例决定蓬莱银行的储备。可是，蓬莱银行已经凭空增发的货币怎么办？

来自华夏小镇的南记银行是蓬莱岛唯一兑换“华夏元”的商业银行，南记银行在获得“蓬莱元”后，会人为控制“蓬莱元”流出蓬莱岛的数量。总有人要和蓬莱岛做生意，也总有人要用到“蓬莱元”，人为减少“蓬莱元”流出蓬莱岛的数量，“蓬莱元”自然就会对“华夏元”

升值。

接下来，一旦“蓬莱元”升值，人们就更加不会把手中的“蓬莱元”换成“华夏元”，“蓬莱元”汇率优势就此形成，也就不可能出现挤兑的情况。

这种操作只需要微小的控制成本就能达到本币升值的目标，为了防止风险，并没有什么不当，虽然蓬莱银行增发货币，但整个蓬莱岛货币体系仍旧是健康的。

接下来的事情却有点出乎意料……

确如长孙东阳和南门亦菲的估计，“蓬莱元”升值之后人们很少再愿意把“蓬莱元”兑换为“华夏元”。但人们同样也没有把“蓬莱元”用于购买华夏小镇的机械设备和技术能力，而是成群结队坐着飞机去华夏小镇买奢侈品——华夏小镇的奢侈品价格比蓬莱岛要便宜几倍、十几倍!

甚至某位蓬莱岛商人希望购买轩辕祖宅，轩辕启恒是小镇走向世界的标志性人物，轩辕祖宅也是小镇的标志性建筑，如果被蓬莱岛的人买走了……

江山逐鹿，英雄谁属，未来究竟是怎样的，自然是人们关心的话题。在华夏小镇，大家经常在西门的茶馆讨论蓬莱岛的蓬勃兴起和华夏小镇的未来。既有上官煦炎这样的人，也有轩辕、南门、太史等大家族的人，长孙东阳有时候也会回来参与讨论。

“我上官煦炎是要搬到蓬莱岛去的，很快就会走。我们有的蓬莱岛全有，现在蓬莱岛房价正在飞涨，再过几年就是想去也去不起了。”

长孙东阳今天也在这里，听到上官煦炎这么说，脸上并没有什么喜色。蓬莱岛的情况他最清楚，货币增发后又推高了汇率，然而钱还是没有流向生产领域，反而刺激了消费品进口，更糟糕的是，有很多迹象表明多出来的钱已经流向了房地产。上官煦炎说得没错，蓬莱岛的房价在暴涨，再不去可能连房子都买不起了。

“谁也不否认蓬莱岛最近天翻地覆的变化，尤其是长孙兄到达蓬莱之后。”太史弘贺看着面沉似水的长孙东阳，意味深长地说，“长孙兄的蓬莱银行统一了蓬莱岛货币发行，‘蓬莱元’又如此强势，如今俨然可以和华夏小镇分庭抗礼啦。”

长孙苦笑了一下，反问道：“太史兄大才，居然也这么认为，区区蓬莱一岛，如何能与华夏小镇分庭抗礼？”

上官煦炎抢过了话题：“为什么我们小镇的商人纷纷去岛上投资？华夏小镇的底盘早被人分完了，除了几大家族哪有别人的份？只有去了蓬莱岛，才是一片没开垦的天地。”

太史弘贺饶有兴致地看着上官煦炎：“原来你真要去蓬莱岛，去那里干什么呢？继续炒房吗？”

上官煦炎听出了太史弘贺的讽刺，却不以为意：“炒房干吗？干什么不行，小镇有的挪过去就是了，哪个行业不能发财？”

太史弘贺拊掌微笑：“是啊，这个想法很好，你上官煦炎能够想到，别人为什么就不能想到呢？长孙东阳已经在蓬莱岛统一了货币很长时间，为何蓬莱岛没有像华夏小镇一样蓬勃兴起呢？”

人们没有回答，大家不约而同地把目光聚焦在太史弘贺身上。

太史弘贺悠悠地说：“一个产业兴起固然依靠一次重大的发明创造，更有赖于一个地方长期积累下来的人文环境，有没有人尊重技术原创。如果当地人没有遵守合约的意识，没有追求卓越的精神，就很难复制历史。在华夏小镇，很多普通人在老年都会写自己的回忆录，人们尊重自己的职业，尽心竭力想去做好一份职业，而不是消磨时光。任何一项伟大的发明创造都是在无数次试错中出现的，看似一代人的辉煌，不知耗费了几代人、十几代人、几十代人的才智，这些看起来不起眼的习惯对产业发展才至关重要。没有华夏精神，甚至与勤劳勇敢的华夏精神背道而驰，小则一个人工作偷懒，大则一个企业总想靠欺骗赚钱。仅得其术而不得其道，有术无道，止于术。”

长孙东阳非常理解太史弘贺的这番话，蓬莱岛的现状也是对这番话最好的诠释。

一个市镇强盛与否，跟面积大小、人口多少没有必然联系，不一定面积庞大、人口众多的市镇就一定强大。一个市镇是否强大，最重要、最根本、最具决定性因素的，是一个市镇人口的基础素质和创造力。货币增发让蓬莱岛的商人拿到了初始资金，如同当年的价格革命让华夏小镇拿到最初的一笔钱。当年金银输入华夏小镇，那些钱只是点燃干柴的火星，小镇的人才才是真正的薪火！人才积累是最难的事情，哪怕是培养一个熟练的工人也要数年积累，何况太史弘贺、轩辕启恒这种不世出的天才。

遗憾的是，蓬莱岛居民既没有华夏小镇那种进取精神，也没有华夏小镇的人才积累。所以，既没有出现轩辕启恒一样的探险家，也没有出现太史弘贺一样的创新者。更糟糕的是，一旦得到财富，人们便如井底之蛙看到了外面的天，又不知如何蹦出来，更倾向以最快的速度、赚最容易赚的钱！

不懂得创造必然不懂得财富，只看到繁华必然会选择掠夺，蓬莱岛，能有华夏小镇一样的明天吗？

专题 7-2：

凭什么美国可以伸出“长臂”来“管辖”别人

美元称霸世界货币舞台，蒙代尔给出的解释简单而直接：“关键货币是由最强的经济实力提供的。”

货币是一个包罗万象的领域，脱开经济和创新，单纯谈货币没有任何意义，美元成为世界货币的基础是冠绝全球的经济实力，更根本的原因则是冠绝全球的创新能力。

19 世纪下半叶美国完成了电气化革命，组建了一系列托拉斯，辽阔的国土也为其创造了巨大的市场，铁路、电力、化工、汽车、航空、精密仪表等任何一个行业都迅速崛起。此时，仅就工业产值来说，美国已经超越了英、法、德三国综合，即使遭受了 1929 年经济大危机，美国工业品产值也已经超越了英国整整一倍。具体到国际贸易，1919 年“一战”之后、“二战”之前，美国海外贸易以年均三位数的速度增长，“二战”后黄金储备更是占了全球的 60%。

如同小镇金融故事中的“华夏元”，真实的世界里“二战”后唯有美元才有资格成为世界货币。

如今，美国已经把世界货币霸权运用到极致，所谓“长臂管辖”便是最好的证明：你在美国做生意，美国法律可以管住你；你不在美国做生意，甚至和美国毫无关系，只要认定你违反了美国法律，就可以伸出“长臂”进行“管辖”。

美国凭什么把手伸这么长？

答案很简单，因为美元是世界货币，你不想做生意别人还想，你不想用美元别人还要用！如果有人不听话，不但可以把你踢出美元清算体系，还可以在全球制裁你。一家企业的所有交易对手，无论上游下游可以一起制裁，如此，焉能不伸出“长臂”？

另外建立一套世界货币清算体系可以吗？当然可以，问题的关键不在于世界货币清算体系，而是世界货币清算体系背后的经济实力和创新能力。当一个国家的创新能力在全世界无法替代和超越，那么世界经济运行都将围绕这个国家运转。

下一个世界货币，谁与争锋？

货币大棋局

华夏小镇从海外贸易起步，蓬莱是华夏接触世界的第一站，也是世界接触华夏的第一站。

蓬莱岛地理位置优越，是天然的优良港口，短暂的迷茫之后蓬莱岛立刻寻找到了自己的方向——成为华夏小镇联系世界的桥头堡，华夏的产品通常会先到蓬莱岛，再从蓬莱岛运往全世界，外部世界的产品往往也会从这里中转。

金融与对外贸易是一对孪生兄弟，没有融资就不会有贸易，小岛上的商业银行、投资银行、货币兑换商如井喷般爆发，各种金融产品更如雨后春笋般成长起来，除了传统的股票，又出现了汇率市场、期货市场、期权市场等，以及围绕这些市场的一系列金融创新。

至于“蓬莱元”的汇率选择，因为国际贸易必须回避货币汇率浮动风险，“蓬莱元”完全一比一盯住“华夏元”，二者休戚相关。蓬莱银行有多少“华夏元”储备才发多少“蓬莱元”，“蓬莱元”与“华夏元”等同于融为一体。

与华夏小镇具备强大的生产能力不同，蓬莱岛的支柱产业只有贸易与金融，国际贸易行、商业银行、投资银行、交易所……蓬莱交易所囊括了来自全世界的上市公司，蓬莱指数已经与华夏股票交易所的华夏指数齐名。

如今，作为世界金融中心，蓬莱岛已经显得愈发繁荣。没有人知道，在繁荣的背后有人已经觊觎这里的财富很久了！

对蓬莱岛来说，一个显而易见的问题是，金融和贸易都是资金密集型行业。资金密集型产业集中的地方，与之相伴相生的必然有一个行业，那就是房地产！

——不知从什么时候起，蓬莱岛出现了很多房地产公司，来自全世界的看房者接踵而至，所有的旅馆都住满了人。

——各种财富神话在圈子里流传，1 年前买了一块地只要 100 元，1 年后这块地价达到了 10000 元，是一年前的 100 倍。财富传说激励了所有人，不管位置有多偏远，只要在蓬莱岛，都会有人去开发，都会被说成位置优越、交通方便、毗邻繁华都市。

——有人用华夏小镇的大家族来做广告，轩辕、太史、南门，这些家族在这片区域都有房产，只要在这里买房，未来可以和这些人做邻居。

——来到蓬莱岛上的所有人似乎都只有一个目标，就是看房、买房，“买到就是赚到”已经是牢不可破的信念。买到房子的人都坐等走上人生巅峰，而没有出手的人则开始焦急地寻找合适目标，喧嚣蔓延到了整个小岛。

没有人想到，醉人的海风会摇身一变成为令人恐怖的飓风。

房地产泡沫兴起的第二年春天，飓风袭击了蓬莱岛南部非繁华区域，所谓的“水上小镇”变成了汪洋大海，强劲的飓风能把钢筋水泥材料像鹅毛一样卷入海中，有的房屋房顶被整体掀起，盛宴就这样突然散去。

没有时间悲伤，一场更大的危机已经拉开了序幕。

没有人想到，蓬莱岛的房价会在数日内下滑 80%，蓬莱银行设立以来，蓬莱岛上的居民第一次感到经济的严冬。此时，无论亲水社区还是写字楼，都被卖成了白菜价，人们默默地读着财经新闻，祈祷奇迹再一次发生。

为了应对危机，南门亦菲、太史弘贺和轩辕启恒等人已经来到蓬莱岛，命运一体化的世界，一荣俱荣、一损俱损，必须帮助蓬莱岛度过难关，何况，有消息声称蓬莱岛的危机不是经济枯荣中的衰退，而是有人兴风作浪。

看着面前不再意气风发的长孙东阳，南门亦菲说道："房价不会无缘无故暴跌八成，没想过一探究竟吗？"

长孙东阳叹了口气，懊恼地说："海啸后房地产市场确实很低迷，但写字楼空置率只有 20%，房价也只跌了三两成。前几天莫名其妙地有人突然降价 50% 出手，跟着有人连续抛单，没几天整个岛上的地产价格就跌了八成。蓬莱岛这样的新兴经济体，一套房子就是一个家庭几代人的财富，就这样凭空消失了。"

轩辕启恒曾经在房市跟上官煦炎过过招，更了解他们的玩法，他说："哪有什么真正的成交，分明是有人自买自卖，因为成交低迷，一栋楼的售价就足以给全市定价了。既然已经在低的价位成交了，其他楼盘就只能照此执行了。"

太史弘贺不是很懂楼市，禁不住问道："故意把楼盘价格砸下来，这些人怎么会做赔钱的买卖呢？"

长孙东阳苦笑着说："他们不可能做赔钱的买卖。您知道房地产是杠杆率最高的行业，当年他们用借来的'蓬莱元'把房子盖起来，现在虽然贱卖，还是马上就能换成'华夏元'。将来一旦'蓬莱元'固定汇率被打破后暴跌，就能用极少的‘华夏元’换回‘蓬莱元’，再用‘蓬莱元’还贷款，不但不会亏损，还会大赚一笔。更糟糕的是，挤兑蓬莱银行可能马上就要到来，房市体量实在太大，就算耗尽蓬莱银行最后一分力量也无能为力啊！”

南门亦菲此时开口了：“银行挤兑这个倒是可以放心，我们带足了‘华夏元’，足以应付挤兑。”

大家还是失算了，银行挤兑确实发生了，只不过来挤兑的人并没有要求蓬莱银行把“蓬莱元”兑付为“华夏元”，而是要求兑付“蓬莱元”现金。

稍加思索后南门亦菲便想到了其中奥妙：“对手从来没想过挤兑蓬莱银行里的‘华夏元’，他们的目标是拿到‘蓬莱元’现金，然后藏起来，就能缩小整个外汇市场。举个例子，甲用1元钱向乙买早餐，乙用这1元钱向丙买面粉，丙下午用这1元钱向丁付车费，丁又用这1元钱买报纸……1元现金实际做了十几元的生意。现在他们把现金藏起来，整个‘蓬莱元’的交易规模就会随之成倍缩小。相反，对手手中现金已经给定，缩小的市场中攻击力就会成倍增加。”

这时候一位员工从门外进来，脸色凝重地递给大家每人一份今天的报纸，头条赫然是醒目的标题——《“房神”上官煦炎向“蓬莱元”宣战，“蓬莱-华夏”汇率将被打破》。

原来，无论房地产市场暴跌还是收购“蓬莱元”本币，始作俑者都是上官煦炎。上官煦炎在小镇第一波挤兑中亏掉了全部身家，作为第一代炒房者，东山再起后又全身而退，金融市场中有“房神”之称。此时的上官煦炎已远非当年只把目光转向货币间的兑换，而是首战即为长孙东阳打造的蓬莱岛。

在文章中上官煦炎提到，蓬莱岛的房地产和金融市场吸引了大量外部资金，最主要的资金来源是华夏小镇，又以短期资金为主。短期资金必然赚取短期利益，房地产、金融市场兴旺也就在意料之中，可一旦这种高收益被打破，蓬莱岛的全部资金流就会断裂，“蓬莱元”与“华夏元”间的所谓“固定汇率”也将不复存在。

最后，上官煦炎这样写道：“我想告诉蓬莱岛的人们，你们的经济繁荣演绎从来都不是真实剧本，那是一场为豪门累积巨额财富的闹剧。此时，这场游戏即将结束。即使没有我，我不去攻击你们的汇率，危机照样会发生，危机发生的越晚，损失就越惨重。强者终究还是会出现，我来到这里，就是让你们认清真相，尽早离开迷幻的世界！”

看完这篇极具煽动力的文章，南门亦菲敲了敲桌子：“好手法，文章的数据都是真实的，把所有真实凑在一起就成了错误。蓬莱岛以转口贸易为支柱，贸易资金当然是短期资金，短期资金当然希望追求高收益！只不过，不去人为打破‘固定汇率’怎么会有危机？既然对手如此下作，华夏央行和华夏小镇将不惜一切代价保卫‘蓬莱元’，保卫我们自己的市场！”

《不惜一切代价，保卫“蓬莱元”》，南门亦菲这句话成了第二天所有报纸的头版标题。当然，跟上官煦炎的文章登上头条一样，都是刻意为之，而且刻意提到这句话出自南门亦菲之口。

上官煦炎对阵南门亦菲，人们都觉得南门亦菲一定会赢！金融市场对决，胜负往往就在于公众的信心。所以，信心比黄金还要珍贵。

专题 7-3：

股、期、汇三栖战法

国家之间的金融战争主战场一般在汇市，固定汇率体系之所以称为“固定”，是因为汇率恒定，波动只有万分之几，没有人会疯狂到买固定汇率下跌几个百分点。但是，固定汇率体系一旦被打破，就是几十万点的跌幅（一个基点是万分之一）。汇率市场至少是 1 ∶ 10 的杠杆，动辄就是几十万亿、几百万亿的交易量，在这个量级上，打破一国固定汇率体系便会毁掉一国几年、十几年甚至几十年生产的财富。

1997 年东南亚金融危机，看报道说泰国、马来西亚等东南亚诸国经济倒退了十几年。有人问，不就是一场金融危机吗？怎么能让经济倒退那么长时间？国际炒家攻击下造成的金融危机不比经济循环中的危机，人为制造的危机会在瞬间暴露金融经济体系的所有风险，造成叠加损害，极端情况下整个社会的信用体系将不复存在。生产体系虽然保留，但海外市场突然消失殆尽，更不用说家庭背负着房地产贷款，而此时房价不足以抵偿剩下的贷款，家庭要相当长一段时间才能从阴影里走出来。

攻破固定汇率制度，最重要的条件是获得充足的本币，否则，抛压的时候没有本币，就等于战场上没有子弹。然而，这是一个不可能的任务，最大的本币供应者是母国央行，通过虚构国际贸易等手段拿到几亿、十几亿本币还有可能，让央行对成千上万亿本币流出视而不见基本不可能。

如何拿到本币，就是汇率攻防战中操盘的艺术，无论使用什么方法，总之，要让母国央行自动吐出本币，其中攻伐也最为精彩。

接下来，便是一个小镇与蓬莱岛联手打破汇率攻击的故事，这种打法如今已相对常见，被称为“三栖战法”。

所谓“三栖战法”，攻击者在汇市、期市、股市同时发动进攻，让被攻击者顾此失彼。对攻击者来说，股、期、汇三个攻击目标任意一方面失利不影响全局；对防守者来说，必须股、期、汇同时反击，三个市场不能有任何一个环节失守，只要一个环节被突破，就会全盘皆输。这是一个“连环套”，保护股市、期市就要维持国内流动性充足，难保汇市；力保汇市又必须维持高利率，就会打压股市、期市。

最擅长这种打法的人莫过于金融大鳄索罗斯，东南亚金融危机索罗斯用的就是“三栖战法”，打破了泰铢固定汇率，紧接着席卷马来西亚、印度尼西亚、新加坡，转过年来又击溃了韩国和中国台湾。

攻防

无论长孙东阳如何不情愿，对“蓬莱元”汇率攻击还是如期而至。令人奇怪的是，攻击并不在本土市场，而是发生在华夏小镇以及周边市镇。

午夜时分，包括华夏小镇在内，共计 8 家市镇的外汇市场出现了对“蓬莱元”的攻击，攻势气吞山河。

南门亦菲是护盘方真正的指挥官，战前，南门亦菲反复提醒长孙东阳，千万不要以为上官煦炎没有攻击“蓬莱元”汇率的实力。外汇市场面对全球投资者，与股市完全不同：在全球投资者面前，没有谁能占据绝对优势，无论防守方蓬莱银行，还是攻击方上官煦炎，大家都不是理所当然的“强庄”，市场的真谛是太极拳的“四两拨千斤”，以微小的资金量挑动市场情绪，让整个市场都认同你的方向，最后形成羊群效应。

一旦把整个市场引向某个共识，全球投资者都会冲向同一个方向，到时候任你有再多护盘资金，也不可能挡住大浪滔天！

看着外围市场的变化，长孙东阳问道：“既然要打破‘蓬莱元’与‘华夏元’的固定汇率，为何不从本土出手，这样不是更直接吗？”

南门亦菲说："在海外市场发起多处攻击，并非想对海内外市场各个击破，炒家想宣示攻击开始，让人们看到漫山遍野的军旗。更重要的是，海外市场'蓬莱元'交易本就简单，一笔大单就能震撼市场，打破固定汇率。"

"那咱们怎么办呢？"

"海外市场象征意义大于实际意义，就算'蓬莱元'汇率被打破，也无关紧要。资金必须集结全部力量退守本土，只要本土市场汇率不被打破，攻破海外市场也是枉然。相反，如果本土不保，将会以更大的力度带动海外市场下挫。"

果不其然，跟预想的一样，外围市场即使被攻破，固定汇率也不会深度下探，大家都观望本土市场。上官煦炎这些国际炒家本来想在外围市场以微弱的力量展开拉锯战，然后以更大的力度一举砸盘，反复循环，没想到蓬莱银行就不接招！

第一波攻击之后，上官煦炎消失了五天，五天内市场没有任何异动。大家当然不会天真地以为上官煦炎就此销声匿迹，而是紧张地等待着下一步动作，沉默越久，下一波攻击就越凶悍。

在第一波攻击后的第六天，本土兑换市场突然挂出了天量大单打压"蓬莱元"汇率。如果没有蓬莱银行的护盘力量，仅凭市场上的散户，固定汇率立刻就会被打破。

随着攻防双方在市场上硬碰硬，看着胶着的汇率走势，每个人都感到了市场的残酷！南门亦菲突然开口："用绝对优势的大单，把汇率拉上去！"

长孙东阳有些为难："这样会耗费很多资金，如果后续资金不继，拉上去的空间很快也会被砸下来。"

南门亦菲的口气平静却不容置疑："攻防战中，价格一直无法形成有效突破，总是在某个点位徘徊。对普通投资者来说，最有效的方法之一是立即平仓，反戈做空。谁都明白此时买方处于守势，卖方处于攻势，守方不会主动出击，也就是说向上突破可能没有，可以放心卖出。为扩大盈利他们往往会成倍放出空单，时间一长市场下跌的速度就会不可遏抑。”

说着，南门亦菲的目光却转移到了股市，蓬莱交易所的蓬莱指数居然在 444 点横盘很长时间了。“4”历来是个不太吉利的数字，横盘在这个数字上除非有人故意为之。

南门亦菲和长孙东阳对视了一眼，长孙东阳拿出了早就准备好的一条命令：即日起，将贷款最优利率提高 150 倍，隔夜拆借利率上调至 1500 倍，同时对所有银行设定贷款金额上限，对违规者将处以高额罚款，之前违规贷出的资金也要处罚，必须限时收回。

无论在哪个市场操作，上官煦炎都必须得到更多“蓬莱元”才能展开攻击，获得“蓬莱元”最主要的方法是获得贷款。所以，必须禁止银行对上官煦炎提供本币。我们也不可能禁绝别人获得本币的所有渠道，无论哪个渠道，只要利率提升，获得本币的成本都将大幅上升。

蓬莱银行宣布提高利率后仅仅一分钟，对方就做出了反应。攻击方顺势而为，几家上官煦炎控制的外资银行在资金拆借市场上公开哄抬利率价格，硬是把隔夜拆借利率调高了 5000 倍。

如此，确实禁绝了上官煦炎获得本币，本土蓬莱指数却一落千丈，谁也没有想到会是这样的结果。

南门亦菲双眉紧锁，她已经明白了对方的意图：击溃一种货币汇率需要本币，但不一定在银行借（实际上银行不可能贷款给攻击方），还可以在股市赚。提前放大单赌定股市下跌（股指期货），不惜代价把股市砸下来，就能赚到大量本币。

从一开始对手就没想过从银行体系获得本币，而是诱使蓬莱银行提高利息、禁止贷款。货币市场利率飙升后，他们再煽风点火，股市就会一败涂地。面对狂泄的市场，每一个投资者都想保住自己的财富，也就一定会跟随市场大势卖出。一旦这样的趋势真的形成，就是所谓的“羊群效应”，再也无法挽回。

怎么办？

“要不要硬性接下股票市场抛售，把蓬莱指数拉上去？”长孙东阳焦急地看着南门亦菲。

“肯定要护盘，关键是怎样护？如果被他牵着鼻子走，一定会掉进陷阱。”南门亦菲的语速非常稳定，“现在对手在抛盘，重点是大盘股，大盘股对股指拉动效应十分显著，这是必然的选择。”

“我们要怎样应对？”

南门亦菲说：“他强由他强，明月照大江。我们不碰大盘股，既费钱又不好操作。可以断定，对手手中没有小公司的股票，小盘股砸不动大盘指数。咱们全力吃进小盘股，不跟他们直接对阵。”

“这样行吗？”

南门亦菲笃定地说：“对手一定希望我们跟他们硬拼，他们也一定囤积了很多一线股，我们完全是被动的。相比之下，二线股很容易被拉起来，涨幅也很容易做大。跟风盘就是散户，什么赚钱就干什么，一线股亏得一塌糊涂，二线股赚得一塌糊涂。既然为了赚钱，何不跟我们一起炒二线股？”

南门亦菲的话没有错，护盘一支大盘股的资金量，做十支小盘股也足够了。只要能让人们赚到钱，赚到足够的钱，投资者一定会蜂拥而至，一旦有了气氛就很难再压下去。

果不其然，南门亦菲出手之后，尽管主要的几支股票跌幅很猛，蓬莱指数也依旧下滑。但市场上出现了一个奇怪的景观，大盘指数下跌，整个盘面却红红的一片，大部分小盘股走出了令人意想不到的涨幅，大盘股很快就没有了跟风盘。

对手是不可能轻易屈服的，尽管没有事先囤积小盘股，随着时间的推移，上官煦炎在市场上硬接了不少筹码，随手开始反击，对小盘股进行砸盘。

小盘股拉盘容易，砸盘相对也容易。看到盘面已经有下滑的迹象，南门亦菲命令道：“把所有的筹码都排上去！”

金融市场有码盘之说，也就是虚盘。先在某一个价位上报出天量，威慑市场。人们看到天量买盘码出来，就会坚守不卖，放出虚盘时间越短、数量越大，护盘成本就越低。

对手显然洞悉了南门亦菲的谋略，也跟着报出了天量虚盘。双方一旦都报出虚盘，就是市场所谓的“对盘”。“对盘”中双方会将虚盘转换为实盘交易，也就是真正的白刃战，是赤裸裸的资金搏杀。

对攻击方来说，只要今天能在收盘的时候把蓬莱指数打压到一个很低的点位，便能够在股指期货上获益，获得足够的“蓬莱元”资金。

能让他们得逞吗？看着盘面残酷的搏杀，长孙东阳咬了咬牙，既然决战已经到来，马上调集所有资金，跟炒家搏杀到底。

南门亦菲摇了摇头，阻止了一脸悲愤的长孙东阳：“对盘极其消耗实力，我们有必要跟他们硬拼吗？”

“不拼，难道就让他们轻松获利？”

南门亦菲笑了：“对手筹集资金不是在一天完成的，这种情况会继续一段时间。他们的手法虽然有变化，结果却一定是赌定指数继续暴跌，只有这样砸盘才有意义。正面对攻，不如断了他们后路，我们现在就把之后的股指期货价格做下去，让他们无法获利！”

神来之笔!

股指期货是人们对未来的预期，没有护盘方去做低股指期货的道理，怎么可能给对手送上一捧艳丽的玫瑰？可现实就是这样，护盘方突然发力，未来一段时间交割的股指期货突然全部下行。整个市场都看到了这一幕，也知道这意味着什么，如果第二天股指期货被护盘方打压到了一个很低的点位，攻击方将无法获利。

市场出现了一个奇景：明明是保卫蓬莱金融市场，护盘方在拼命打压股指期货，攻击方却在拼命托市!

指挥室里所有人都紧张地看着盘面，只有南门亦菲的表情突然变得轻松起来：“今天从开盘的第一刻起，双方就不惜成本展开了白刃战，试图对市场显示决心。对手甚至不惜大规模收购我们拉高的二线股，消耗好不容易囤积的本币，看似暴风骤雨般的节奏，并非全无破绽。如果他们今天有必胜的把握，断然不会再考虑之后的股指期货，只有今天得不到足够的筹码，才会这么做，果然原形毕露了！”

换句话说，第二天的股指期货是国际炒家的退路，护盘方率先把之后的股指期货做下来，对手就不可能在未来股指中获益。断掉对手退路，如果他们反抗，也就把他们的底牌公之于众！如此所有人都已经看到，攻击方在今天乃至今后很长一段时间都没有必胜的决心和实力。

金融市场是无数人的集合体，能够洞悉所有细节，没有秘密可言，所有的信息都将反应在价格之上。攻击方一旦转而护盘，无疑将暴露自己的实力和底牌，此后便不会再有人相信他们所展示的“决心”，实际上等于输掉了这场货币攻防战。

专题 7-4：

索罗斯对金融学的反动

提到汇市风云，当然无法忽略一个人——曾经击溃英格兰银行、东南亚诸鑫央行、在金融市场一度被认为是“神”的人——乔治·索罗斯。

索罗斯的卓尔不群不仅仅在于战绩斐然，还在于他的投机理论独树一帜，始终坚持一个最基本的观点，与当代金融学基本原理大相径庭：金融市场不可知，不可测度，市场总是错的。

当代经济学的基本假设是“理性人”和“边际平衡”（“理性人”意思是说，每个人都会追求自己的利益；“边际平衡”的意思是付出大于回报的工作没人干）。在两条假设之下，金融学家试图建立一套类似数学公理体系的理论大厦，将经济金融问题归结为约束条件下求极值问题。

在索罗斯眼里，与其说经济学、金融学是一门科学，不如说在向公众讲童话故事。因为，市场从来都不可能停留在某一个均衡的价格上，市场总是带有某种偏向，随着时间推移会不断强化自身走势，昨天、今天、明天，都是如此。

市场参与者的各种观点多数可能抵消，大浪淘沙，剩下来的就是某种“主流偏向”，在“主流偏向”作用下价格便体现为上升或者下跌，成为一种可观察的现象。紧接着，“主流偏向”将推动市场价格进一步发生变化，这与“价值发现”“价格均衡”毫无关系，纯粹是人类意识自我强化。随着“主流偏向”不断强化，市场就会表现出某种神奇之处，比如说能预见将来发生的事件，有人就认为“市场总是对的”。

索罗斯认为，不是这样的。

人类认知能力一定存在误差，不存在所谓的“完全信息”，市场价格最后一定是诸多认知谬误以不可知的方式合成而得。一旦市场情绪形成，只有在市场出现极端错误的时候才会把市场“未知”变为“已知”，“已知”本身一定是非理性极端。一旦出现“已知”，或者说人们对未来繁荣倍感信心，此时距离危机就已经近在咫尺。

您觉得，索罗斯说得有道理吗?

第8章

信息飞扬的岁月

黑金枷锁

繁荣如华夏小镇，岁月并不静好。

此时的华夏小镇已经是一个站在石油上的工业帝国，石油不仅仅是主要的能源，还是很多工业品的原材料。因为华夏小镇对石油的硬需求，在某种意义上，整个世界市场上石油跟“华夏元”是一样的硬通货，又称“黑金”。

看着华夏小镇每天蒸蒸日上，石油主产地的人们有些坐不住了。尽管储量丰富，石油总有一天会消耗完。华夏小镇如此富有，石油主产地占了全世界石油产量的70%以上，大家何不趁机联合起来多赚点钱，比如提高油价?

没有人想到，石油输出产地的几个小镇会突然调整石油价格，一夜间将石油价格提高了三倍，同时限制石油产量。同样，几乎一夜之间，华夏小镇、蓬莱岛等一批经济发达的市镇立刻陷入油荒。石油输出地只提高了3倍出厂价，传导到华夏小镇上的油价则每桶上涨了何止10倍!

油价上涨，接着所有物价都在上涨。涨价之后大家就都买不起了，包括商人在内都讨厌涨价，怎么办？如果约定大家都不涨价不就可以了？小镇推出新规，三个月内主要商品物价不得上涨!

物价上涨，工资必须跟着涨。企业家讨厌工资上涨，工资上涨物价能不涨吗？如果工资被限定死了，物价才不用那么高，控价才会真的有效。于是小镇又推出新规，三个月内工人工资不得上涨！

南门亦菲也没有见过类似情况，按照以往经验，增发货币可以刺激经济，那就增发货币！小镇公共工程也纷纷上马，修建高速公路，疏浚河道与海防，为失业的人提供工作岗位，保障人们基本的生存。

然而，经济依旧没有多大起色。

没有人想到，仅仅一个石油涨价就对经济产生如此巨大的冲击。原本蒸蒸日上的小镇经济就像被踩了急刹车，石油供应下降，让小镇经济增速戛然而止，航空公司平均每天 300 个航班被取消，当年工业生产整体下降 30%。借用《华夏报》的话，小镇开始经历“有史以来最为严重的通货膨胀，由此导致房地产业极不景气、证券市场正在萎缩和混乱、失业率居高不下、经济停滞、国际贸易环境日益恶化……”

人们正陶醉于幸福的生活，没有金融危机，没有市场崩盘，不料无缘无故地经济会再次进入衰退。之前的衰退都以金融机构倒闭作为先兆，难道小镇的幸福生活就这样被一次石油涨价击溃了？

所有人都相信小镇必须要重现辉煌，必须度过当前的危机，然而，要怎么做呢？人们不知道。就在这样的时刻，一群年轻人再次为小镇插上了腾飞的翅膀！

叛客精神

华夏小镇旁边有一座山谷，名为昆仑。

这是一片山清水秀的净土，只有数十平方公里，太史弘贺已近暮年，但烈士暮年，壮心不已，他来到昆仑谷，希望穷毕生之精力，再创造一次世界！

太史弘贺是小镇机器革命的领头人，也是小镇工程科技的偶像级人物，追随他的青年才俊自然不少，其中三人被称为“三才俊”，分别是独孤北厦、皇甫仁娟和东方兆麟。三位年轻人均毕业于华夏小镇最顶尖的大学，都有顶级公司的工作履历，追随太史弘贺，就是为了开创一片新天地。

然而，“三才俊”与太史弘贺爆发了不可调和的矛盾，太史弘贺原为工匠出身，没有经过系统的科学训练，对生产工具的改造在很大程度上凭借经验和一双灵巧的手。“三才俊”的思路却是以科学理论去论证，然后设计实验。更重要的是，太史弘贺醉心于机械改造，希望机械与电力结合再次改变世界，“三才俊”的方向却完全不同，他们的方向是晶体管一类的半导体材料。

太史弘贺坚持认为，机械、电力把小镇带入了摩登时代，归根结底是为人类创造了新的力量，机械能和电能替代原来主要的人力和畜力。半导体是什么玩意儿？如果动力系统没有翻天覆地的变化，小镇不可能再有革命性的未来。

太史弘贺是对的，人类改变世界，归根结底还是要创造出一种比机械能和电能更有效率的动力。但创造力量不是那么容易的，需要物理学、数学以及一系列基础学科知识储备，然后才有可能应用到工程。

“三才俊”却志不在此，创造强大的动力固然好，醉心于现世也很不错。半导体材料已经创造了收音机、留声机、电话、电报……如果半导体能改变人们的信息沟通模式，岂不更好？

太史弘贺没什么不能冒犯的，所谓“创新”必然是全新的领域，这里只有理想，没有权威！何况“三才俊”始终认为自己才是这些领域的权威，有人不让他们实现人生理想，就算再权威也不好使。

来到昆仑谷一年后，“三才俊”对太史弘贺再也无法忍受，选择了与其当面谈判，希望太史弘贺只为研究提供经济支持，不要再干涉技术路线。作为小镇工程学的开创者，太史弘贺当然不会答应后辈这种无理的要求，双方不欢而散。三人先后离开太史弘贺，太史弘贺愤怒地将三人称为“三叛客”。

“三叛客”离开了太史弘贺，太史弘贺也黯然地离开了昆仑谷，这无疑是一种“双输”，“三叛客”需要太史弘贺的经济支持，太史弘贺也需要“三叛客”更新自己的知识结构和带来回报。从金融支持来说，商业银行显然不能给“三叛客”任何支持，商业银行要的是抵质押，最好是房地产，“三叛客”只有没经过市场检验的技术，无法取信于商业银行；投资银行就更不可能，投资银行并购上下游企业，“三叛客”的技术还没有出现，谈不上上下游，如何支持？

缺少金融支持，“三叛客”如何一展满腔抱负？

三人在昆仑谷的一个小客栈落脚，衣食住行都在这里。如今没有太史弘贺在身边喋喋不休，一时又找不到投资，便常常在客栈中闲谈，偶尔也会跟客栈老板尉迟敬修说起一些。

经过一年多的相处，尉迟敬修对“三叛客”已经十分了解，包括他们的曾经、现在和梦想。尉迟敬修很敬佩三人的才华，对他们说的未来也很感兴趣：未来计算能力才是真正的动力，所有数学程式都可以用一部机器来完成，不必人工计算；他们想把所有的计算工具浓缩到一个电路板上，现在的电子管、晶体管都将消失不见，到时候一个具有超级计算能力的机器，也就指甲盖大小。有了计算能力，世界上就没有做不成的事情，到时一切都将会依规律做好的精密计算来安排。

尉迟敬修感动于“三叛客”的执着与能力，他也年轻过，也有过梦想，曾希望开一间摄影器材店，尤其是航空摄影，飞翔在空中一览世界，何止是一览众山小？如今尉迟敬修已经不再年轻，他经营昆仑谷客栈三十年，资产算不上丰厚，生活却也绰绰有余。在某一时刻，他突然有种冲动，为何我不能跟他们一样去追求梦想，如果他们真的成功了，我也能随之成功。

“三叛客”没有想到，他们的第一笔投资居然来自人类最传统的行业——酒店。尉迟敬修提供了2000“华夏元”资助“三叛客”，条件是一旦研发成功，专利权的最初两年收益归尉迟敬修。“三叛客”为了投资已四处碰壁，自然对尉迟敬修欢迎之至。随后“三叛客”主导的半导体公司成立了，定名为“昆仑半导体”。

没有人能够想到，昆仑半导体仅在三个月后就改造了晶体管，把晶体管制造材料从锗变成了硅，成本下降了数十倍，性能却提高了数百倍，全世界对硅基材料的晶体管都趋之若鹜！

昆仑半导体成为印钞机，一时的冲动让尉迟敬修获得了丰厚的回报，一年内公司销售额高达50万“华夏元”，两年内昆仑年销售额已达2亿。2亿在华夏小镇绝对是一个震撼的数字，相当于轩辕财团一年的盈利，而这家公司只是一个三人的小公司，初始投资额只有2000元！

骤然间，昆仑半导体改变了整个电子产业，也震惊了金融圈。

名不见经传的尉迟敬修居然凭借2000元获得了上亿的回报，这是一个怎样的概念？无论蓬莱泡沫、小镇房地产泡沫，恐怕哪个也不如尉迟敬修这笔投资收益率高！轩辕启恒此时已经退休，投资银行家骨子里灵敏的嗅觉没有变化，从来不放过任何能放大收益的东西，比如当年出海探险，比如现在的技术投资。

轩辕启恒对财富的敏感很像鲨鱼，财富便是血腥，一旦闻到味道，立即冲来寻找猎物。来自泡沫、房地产的钱是钱，来自技术原创的钱也是钱。只要能赚钱，没什么能拦住金融资本的，况且创新者也迫切需要钱。

从走出洪荒到辉煌岁月，轩辕启恒经历了几十年的风风雨雨，他不可能被一笔胜利的投资冲昏头脑。

轩辕启恒深知一种技术从理论到实践再到市场，需要很多时间。投资银行可以募集资金，整合产业上下游，一旦整合成功便可立即获利，整合电力产业可以形成输电优势，整合铁路产业可以将整个铁路网成本降低，整合石油产业可以筹集谈判筹码。然而，半导体技术对他来说仍旧是一个神秘的行业，“三叛客”的成功是偶然还是必然？是积累多年的经验突然转化还是一次偶然的发现？

如果半导体技术与之前的机械、电力一样，那“三叛客”和尉迟敬修的成功只是偶然，难以复制。反过来说，如果半导体技术有了新的特征，那极有可能就是一场金融的盛宴，财富就在眼前！

年迈的轩辕启恒第一时间赶到了昆仑谷，想见一见“三叛客”，也见一见尉迟敬修。此时的尉迟敬修早已今非昔比，昆仑客栈已经成为“昆仑半导体”的纪念馆，而尉迟敬修本人则开了一家航空摄影器材厂，每日沉湎于光影艺术之中，实现了自己的人生价值。

尉迟敬修没有想到，自己所做的一切已经彻底激怒了“三叛客”。

虽然身为“昆仑半导体”的发起人，尉迟敬修并不真正理解半导体产业，更不了解半导体产业技术和未来。航空摄影器材是尉迟敬修的理想，就如同半导体是“三叛客”的理想。跟“三叛客”一样，在理想驱使下尉迟敬修把在半导体产业获得的利润转移到自己的本业——摄影器材中去，尽管摄影器材没法赚这么多钱。

尉迟敬修对航空摄影器材的投入毫无限制，为了梦想这又算什么！可是，“三叛客”需要更多资金去继续推进技术路线的前进方向，因为昆仑半导体技术更迭非常快，需要投入大笔资金。资金都被用在了航空摄影器材上，昆仑半导体在技术上的更新越来越慢，所以“三叛客”对尉迟敬修也就越来越不满意。

轩辕启恒顺利见到了“三叛客”，却没有见到尉迟敬修。

谈话中，“三叛客”对轩辕启恒阐明了半导体技术的特点：归根结底，半导体技术是一种材料工程，如果半导体材料无法实现突破，就无法实现很多工程的设想；未来半导体行业会发展到怎样的地步，“三叛客”也说不清楚，但相信计算能力得到提升，未来一定会是一个完全不同的世界。

更重要的是，“三叛客”告诉轩辕启恒，半导体行业存在一个所谓“半导体定律”：既然是材料工程，所有集成电路技术的生命只有十八个月，也就是说，今天看起来鼎盛的“昆仑半导体”被对手赶超只有一年半的时间，甚至在不到一年半时间内“昆仑半导体”的技术就可能被超越。

对轩辕启恒来说这无疑是一个天大的好消息，金融投资者追求高收益，同样要求回报时间，收益越高越好，回报时间越短越好。因为时间久了必然意味着不可控，不可控则意味着风险，职业金融家不想忍受太长的时间。

一项创造从基础学科创新到工程创新，至少需要十年、几十年甚至上百年的时间，我们今天所见的工程技术早在半个世纪前就成熟了。让金融等待十年、几十年甚至上百年是不可能的，所以之前多数投资家基本不投资基础性的原创技术。半导体和即将兴起的信息产业不同，每十八个月技术就会更新一轮。金融只需等待十八个月，如果选对了方向，立刻就能得到丰厚的回报。当然，也可能选错方向。这只是一个概率问题，昆仑半导体可能确实是偶然，在某种概率之下投资人就能够获得超级回报。

风险投资：人类第三次资金大融合

轩辕启恒发现了金融业的新蓝海，转眼却又发现这是不可能的。半导体行业与之前的行业完全不一样，机械、电力革命中只要有足够的资本就能完成产业整合，就能在某一个领域实现规模效应并一统天下，半导体行业确实缺少资本，但更缺少的是技术人才，比如“三叛客”。

“三叛客”在半导体行业的领袖地位如今已不可撼动，但轩辕启恒又该找谁与自己合作呢？

轩辕启恒想多了，“三叛客”之所以被太史弘贺称为“叛客”，就是敢于“叛变”，连太史弘贺这样的大神级人物都能炒掉，何况尉迟敬修。在忠于自己专业路线这一点上，“三叛客”无比执着，正因为这种执着，“三叛客”对资本来说显然是天生的叛徒。

天才级的人物怎么可能屈居人下，哪怕对方也是一个天才。

在即将进入的崭新时代，智慧才是最宝贵的财富，资本不是。

在资金使用方面，“三叛客”与尉迟敬修的矛盾终于爆发，“三叛客”既然能“叛变”太史弘贺，就不会在乎“叛变”尉迟敬修。独孤北厦、皇甫仁娟和东方兆麟先后与“昆仑”分道扬镳，这些“叛客”本就是为创新而生，对他们来说，技术发展是一种信仰，根本就不是谋生的手段。

有了创造世界的智慧，资本和盈利就是随之而来的事情。

接下来的岁月里，“三叛客”或独自或团伙“叛变”，他们先后离开了“昆仑”。很快，独孤北厦、皇甫仁娟和东方兆麟又互相“背叛”，最终还是每个人走出了独立的技术路线，创造了自己的天地。

这种“背叛”给了“三叛客”自己机会，也给了投资家机会，支持“三叛客”的是太史家族、轩辕家族、南门家族这些金融巨头。

非止金融家，“三叛客”的成功刺激了华夏小镇的所有人，人们开始热衷于电子学，热衷于创造一些稀奇古怪的东西。有人办起了名为《昆仑电子学》的刊物，一群发烧友把《昆仑电子学》杂志和俱乐部当作交流经验的平台，在这里公开自己的“杰作”，又吸取别人的养分，并把这些新奇的想法变为实际。

很多人最初的产品正是在客厅、卧室甚至车库里完成的。非止华夏小镇，这些充满个性的创新让昆仑谷在整个世界变得光彩夺目，半导体技术逐渐演化为信息技术和强大的计算能力，人类在向新世界大踏步地迈进。但凡有所成就，发烧友往往会选择一个圣地创业——那就是昆仑谷!

昆仑谷本是一个宁静所在，如今“叛客精神”已经充斥了原本静谧的土地，这里没有高楼大厦，却聚集了最顶尖的半导体技术人才。年轻人来到这里，可能最初只是租住在一个车库，但他们都带着自己的梦想，带着自己对技术独特的理解。最初一般也会寄居人下，一旦原有设想技术成熟，并开花结果，寻找到属于自己的投资人，他们就会另立门户，把技术设想转变为实际。

半导体与电子产业，是一个完全不同于机械与电力的行业，所用原材料主要是硅晶，而这些东西不值钱，值钱的是如何组合如何设计。从此，人类智慧在这里显现出无与伦比的光芒。行业特征和“叛客精神”给了金融以机会，每一家科技企业创立都犹如一株蒲公英，其中的每一个种子成熟后就会四散飞扬，金融投资者则追逐着飘散的蒲公英，悉心为它灌溉以资本的甘泉，让它再次孕育出美丽的花朵。

没有创业者的技术路线分歧，就不可能有“叛客精神”，没有“叛客精神”，投资人就不可能有投资的选择。另一方面，对创业者来说，众多投资人就像天使一样，用金钱为他们插上腾飞的翅膀，去实现自己的技术之梦，因此，这批投资人也被称为“天使”，他们的投资被称为“天使投资”。

金融与科技，为昆仑谷的一批小微企业（初创时期，“三叛客”也罢，其他企业也罢，三四个人、七八条枪就是大部队了，连小微企业都算不上）插上了腾飞的双翼，它们迅速成为产业巨擘。

——此后某一天，“三叛客”中的独孤北厦发明了世界上第一个微处理器，在一个指甲盖大小的电路板上，装有数千个微型晶体管。如果说半导体或电子行业也有牛顿的话，创造微处理器的人就是这个行业的牛顿，在不损害功能的前提下实现了电子技术微型化，从此，把基于半导体技术开发出的算力转为民用，任何一种技术只有实现了民用，才算真正打开了市场，才算打开了阿里巴巴宝库的大门。此时，人类已经拿到了信息大门的钥匙，一个崭新的信息时代即将到来！

——此后某一天，得益于微处理器的出现，“三叛客”中的皇甫仁娟在自家客厅里组装了一台“个人微型电子计算机”，个人计算机第一次拥有声道、显示器，也第一次出现了人机交互的操作系统。这一切都是皇甫仁娟离开“昆仑半导体”后的个人即兴之作，皇甫仁娟将之命名为“龙威一代”。“龙威一代”在世界博览会一经亮相就立刻震惊了世界，以至于当投资者和雪片般订单发来的时候，皇甫仁娟再也不能将家中的客厅作为试验场……

——此后的某一天，“三叛客”中的东方兆麟演绎了一段人类科技史上的传奇，在弹钢琴的时候因为弹错了才忽发奇想，如果不断变换无线通信讯号频率，就能创造出移动的电话！听说这个想法的技术基础源于钢琴，东方兆麟被大多数同行和投资家嗤之以鼻。随着技术的发展人们才逐渐意识到东方兆麟所提出“无线跳频”技术的意义，并随之发展出了无线电通信技术，这才使得后来的移动互联成为可能。

有了昆仑谷，华夏小镇不知不觉间再次站到了世界之巅。

原本就是这样，世界上最重要的财富是人，一个企业、一个民族、一个国家是否强大，不一定在于有多少资本，而在于有多少有才华、能施展才华的人。重大创新和金融一次又一次重塑了世界，创新衰竭之后又形成了金融危机，无论多么严重的危机，哪怕只留下人才，照样能货畅其流、物尽其用、人尽其才。

专题：8–1：

影视明星与无线电通信

小镇金融故事中提到的东方兆麟在现实中有其原型，且原型故事要比我们小镇中的演绎精彩许多，这个人的名字叫海蒂·拉玛。在不世出的发明家中，海蒂不一定能与瓦特、爱迪生并列，却是今天移动互联时代的缔造者。

海蒂·拉玛虽然生活在硅谷兴盛的时代，她真正的职业却是一位电影明星，18 岁出镜了电影《神魂颠倒》。在人类历史上很难找到这么一位美貌与智慧并存的女人：如果说美貌，能成为全美一线明星，可谓“倾国倾城”；如果说智慧，她精通数学和电子学，是“扩频通信”技术的创立者。如果您不了解“扩频通信”，那么我还可以告诉您，3G之前所有无线通信技术的根基都是“扩频通信”；其中，有家小公司利用她的专利开发了CDMA技术，这家小公司就是今天大名鼎鼎的高通。

海蒂出身名门，大学时代专业就是电子通信，大学没有毕业就中途退学。不过海蒂没有创立自己的科技公司，而是成了一位电影明星。婚后海蒂退出了影视圈来到德国，没想到丈夫却是一个为纳粹服务的人，偏偏这个为纳粹服务的丈夫是无线电通信方向的天才。海蒂的第一次婚姻非常不幸福，不幸的婚姻各有各的不幸；幸运的是，海蒂在第一任丈夫那里学到了当时最顶尖的无线电通信技术。

回到美国后海蒂认识了一位钢琴家，情浓之际经常有钢琴做伴。自动钢琴的运行原理和当时的计算机类似，就这样原来的电影明星、如今陶醉在爱情中的奇女子，突然想到了自己的大学专业，模拟自动钢琴运行原理（实际比钢琴复杂很多），创造了“扩频通信”。

原本海蒂想无偿将这项技术捐赠给美国军方，用于与纳粹海战的鱼雷定位。没想到美国军方却不屑一顾，直言不讳地劝说海蒂不如为战争募捐更实际（海蒂曾为军方募捐过数百万美元军费），“扩频通信”差点就这样沉寂，直到开发出CDMA技术。

专题 8-2：

人类第三次资金大融合

时至今日，“风险投资”（Venture Capital)）这个词汇已经耳熟能详，高瓴、软银、鼎辉……每一个顶级风险投资与创业者在一起改变了我们的世界。人类第三次资金大融合，便是金融与科技研发直接融合、金融业与创新融合，直接刺激新技术、新产品、新商业模式等。

工业革命点燃了人类技术爆炸的引线，但是风险投资出现之前从未直接介入技术创新。毕竟，金融是一个追求时间与效益平衡的行业，投资回报期如果太长，金融便会失去耐心。信息产业遵循“摩尔定律”，一项技术的生命周期只有 18 个月，创新带来了压力，也给金融带来了希望。

我们在小镇金融故事中再现了风险投资与半导体产业相互结合，再现了硅谷仙童公司的故事。仙童公司创立者获得了 3600 美元天使投资，却在十年内产生了上亿美元的销售，这便是风险投资的开始。后来仙童的创始人乃至核心技术人才一个个成为“叛客”，纷纷离开仙童寻找投资。据报道，在 1969 年硅谷举行的半导体工程师大会上，400 位与会代表只有 24 人未在仙童半导体工作过，可见仙童半导体为硅谷输送了多少人才。人才流失对仙童半导体的打击是毁灭性的，硅谷是仙童半导体的硅谷，很遗憾，仙童半导体却不再是硅谷的仙童。20 世纪 70 年代末，曾经盛极一时的仙童将总部迁出硅谷，从此一蹶不振。以仙童开始，离职潮成了硅谷高科技企业的一种传统，这才成就了硅谷和风险投资。

总体来说，风险投资属于私人资本（Private Equity）投资，也就是所谓的PE。风险投资既然是私人资本，当然遵循私人资本的天性，风险投资最看重的，不是高科技，不是项目，不是想法，不是未来市场占有率……最看重的一定是“人”。

所谓“宁可投资二流项目，也要投资一流的人”，便是风险投资行业的铁律。人类的智慧才是最宝贵的财富，才是所有财富的根本，才是所有创新的源泉！

换句话说，我们还可以这样理解人类第三次资金大融合，金融投资标的不再是项目或者厂商，而是直接对“人”进行投资。

机械和电气化时代资本为王，信息时代是一个以第三产业为主的时代，第三产业也就是服务业，服务业的从业者不一定是“服务员”，“服务员”属于劳动密集型产业，第三产业是人力资本密集型产业。直接投资于人，才能让各种个性化创新形成产业，才能点燃科技创新之火，才能让一个企业、一个民族、一个国家屹立于产业链的顶端。

今天，有的创业者动辄将自身项目的“高科技”挂在嘴边，意思是高科技可以建立行业壁垒。创业者口中的“高科技”不一定靠谱，创业者的技术最终得转化成可量产、可商业化的项目，但凡商业化技术，技术原理最后都是公开的。因此，技术领域最大的行业屏障并不是什么“高科技”，而是一定技术应用之下的创造天赋。

所以，“人”才是风险投资的真谛。技术从来都不是任何行业的进入屏障，人才是。

名震江湖的苹果公司，最根本的财富是乔布斯。乔布斯对信息产业的贡献可不是做一个苹果这么简单，20世纪70年代初，乔布斯以一己之力创造了Apple-II，是世界上第一台个人计算机。随后乔布斯创造了计算机操作系统，迄今为止个人计算机操作系统底层框架就是这时候搭建起来的。乔布斯这些天赋也为他的风险投资人创造了200多倍的收益，然而，1985 年第一代风险投资人退出苹果的时候，乔布斯也被内部倾轧清洗出了苹果。

缺少了乔布斯的苹果还是苹果吗？果不其然，苹果作为个人计算机操作系统原创者居然败给了微软。1997 年乔布斯重掌苹果，进军移动互联，创造了 IOS 操作系统，2015 年乔布斯逝世，时代的辉煌也就难以再现。

关于第三次人类资金大融合还要补充一点，风险投资除了投资于人、投资于项目、投资于某科技……但坚决不能投资于垄断。垄断了渠道就能够获得超额收益，在渠道方面，只要肯“烧钱”就一定能打垮其他对手。占领渠道就看谁“烧”得多，赢者通吃，然后坐享其成。显然，这不是我们所要的风险投资和“高科技”，渠道商有多辉煌，生产者就有多悲惨，真正的创新者就难以被选中。

云端之路：人类第四次资金大融合畅想曲

一次偶然的事故，南记银行发生了一场火灾。虽然损失不大，火灾现场接近资料中心，差一点将多年的档案付之一炬。这场大火除了让人们防灾，还给现在南记的经营者南门亦潼提了一个醒，她突然想到：如果一场灾难毁掉了南记银行的总部，所有的业务都将无法办理，南记银行岂不荡然无存?

此时计算机技术已经开始商用，南记银行想出的办法就是：把自己的头部分散掉，如果没有总部，南记银行就不会被一场灾难毁掉，诸如地震、海啸、火灾……南记银行的总部在世界各地修建了灾备中心、数据备份中心，各部分之间只需要一个网络协调计算机就解决了。

这就是互联网最初的设计理念——防灾，防止头部遭受毁灭性打击。南门亦潼本就在金融圈，很快这个理念就引起了很多人的兴趣。某一天，全镇的大学一起做了个实验，用网络连接了几家大学的大型计算机，从此，人类拥有了互联网。

互联网的出现给小镇再次注入了无限生机，所谓门户网站、BBS、聊天室兴盛一时，网上冲浪成了一种时髦。互联网业态热闹非凡，吸引了很多风险投资，甚至成为投资方向首选和必须考虑到的概念。

然而很遗憾，无论最具盈利能力的门户网站还是其他互联网业态，都没能创造足够多的盈利。

风险投资入股之后，大多靠投资企业被并购出手股份，而不是让互联网企业真正实现盈利。尽管投资人赚得盆满钵满，互联网产业仍旧引起了非议：互联网行业之所以兴盛，归根结底是因为风险投资的资金在支持，风险投资不过是A转给B、B转给C、C再转给A……每次倒手都会融到更大一笔资金，再用这些资金去抢占地盘，然后再去融资。循环往复自己跟自己玩，这不是典型的泡沫玩法吗？

谁能保证互联网不是下一个泡沫？说到底没有盈利支撑，就等于无源之水、无土之木，泡沫一旦破裂，会不会给世界留下一片灰色？

作为互联网的首创者，南门亦潼已经成为互联网领军人物，对这个问题，她的回答是：如果没有瓦特，蒸汽机原理可能只在高压锅上应用，当人类看到高压锅的时候，可有人想到高压锅原理能改变世界；当雷电从天上被引入人间，有人知道电能可以照亮黑夜吗？最后还不是创造了动力，改变了世界？

对南门亦潼的回答，反对声继续发起攻击：蒸汽机和电能是动力，是人类改造世界的根本，相比之下，信息产业没有触及动力系统变革，所谓网路只是一个信息集合体，所做的只是提高信息交流效率；甚至不能用互联网行业比较昆仑谷的半导体行业，昆仑谷的半导体行业自始至终都是真实盈利的，不是单纯去跟投资者谈市场占有率，市场占有率固然很重要，但最终一定要落实在盈利上；无论怎样变换形式，信息只是信息，不是生产能力。既然不是生产能力，该如何盈利，又怎么可能回报投资者？

面对质疑，南门亦潼用了一个非常有趣的提问回答："改善商业渠道和提高信息效率难道不能提高生产力吗？互联网有这样或那样的缺点，这是不容否认的事实。如果现在互联网作为一个产业整体消失，就一定能消除所有金融风险隐患吗？您愿意停留在没有互联网的世界里吗？”

显然，没有人愿意舍弃这种信息交流的便利，也没人愿意舍弃互联网。每次看到人们迷惑的表情，南门亦潼经常会发出这样的感慨：“与人类历史长河相比，互联网兴起的时间不过弹指一挥。很多技术应用在出现几十年、上百年后才能显现自己的价值。从技术应用的角度看，发展已经非常快了，而盈利模式要慢慢寻找，不可能一蹴而就。”

所幸，互联网没有让人类等太久。

东方兆麟的“无线变频”奠定了无线通信技术的基础，让移动通信与互联网技术结合在一起成为可能；紧接着，通信技术实现了把互联网格式改为移动通信格式；移动通信网速得到了质的提升。智能手机技术的瓶颈在于芯片，很早之前就已经出现，只不过在移动互联出现之前，智能手机的意义不是很大，也就没有人在意。

一旦互联网端口从台式机变为移动互联，新的业态便出现了。

轩辕启恒曾经常想一个问题：如果这个世界能把每一分钱用到极致，将会有一个怎样的世界？每个人、每家企业都有很多零钱，可能三五十元，可能三五百元，如果把这些钱都利用起来，会是怎样的结果？

然而，轩辕启恒也知道这几乎是个不可能完成的任务，集合锱铢之利的成本实在太高了，不要说财大气粗的金融业，即使对普通人分角这个单位的零钱也没有太大作用，如何能用于金融投资？

与人类几十万年漫长的历史相比，弹指一挥间人类就有了机械、电力，人类得到了力量，然而，信息传播方式的变化却远逊于动力机械，电话、Call 机、电报、视频电话，本质上都停留在语音通话的层面。现在移动互联和智能移动终端设备的普及，人类才有可能实现瞬时交流，交流方式也从单纯的通话、留言变为声光电多种形式。也许，随着人类科技的逐步发达，所谓千里之外的意念交流也不是什么难事，那时会是怎样的世界呢?

至于信息储存和分析，虽然有了电子计算机，骨子里还是结绳记事的模式：有用的信息才可能被记录下来，没用的统统被忽略。

人们曾经认为记录人类一言一行、一颦一笑是不可能的事情，移动互联和智能移动终端设备的意义便在于此，两者相互结合就可以记录每个人每天每刻的行为。这些看似毫无意义的行为，组合到一起将重构信息获取、信息记忆、信息储存的伦理。如果信息都会被记录，然后通过种种途径组合，必能变为有意义的信息和有价值的商品。

原来，偶然因素成为决定性因素，每个人都要逛超市，在超市里怎么走看起来具有随意性，选取某种商品在很大程度上也带有随意性。单纯从超市的某个方位经过确实没什么意义，汇聚了无数个你的行为的数据一定会很有意义。超市发现，婴儿尿布的购买者主要是年轻的父亲，于是，超市里啤酒和婴儿尿布出人意料地成为邻居，两者销售都非常好。

每次对着智能手机，轩辕启恒都会想到这些问题：金融归根结底是一种资金中介，最核心的意义在于解决信息不对称，如果金融交易双方能实现信息完全对等，金融作为中介服务业将不复存在。

移动网路既然可以聚沙成塔，把每一个人的信息串联成优势，也一定可以聚合“碎片化”资金，也就是尽锱铢之利。

对我们每一个人来说，所谓的“碎片化”资金可能是几分、几毛、几块、几十块……对一家企业来说可能是几十、几百、几千……总之，“碎片化”资金的最大特征是小，小到什么程度呢？小到这笔钱在与不在几乎没有人在意。

只有到了移动互联时代，智能设备及相关产业发展才使得聚合“碎片化”资金成为可能，因为归集“碎片化”资金一定使用“碎片化”时间，只有足够便捷，人们才会有足够的动机来处理这些“碎片化”资金。

有了资金来源，轩辕启恒开始设计资金运用，有很多种可能：

——轩辕启恒知道，小微企业最具投资价值、最具创新动力，无论是昆仑谷中那些创造巨额利润的新兴半导体产业，还是现在的互联网企业，哪怕是当年出海的“蓬莱号”，大家都在追求创造不一样的世界。大企业也投入创新资金，但大企业的目标是维持旧世界，旧世界中它才是霸主，自我谋杀不符合人类的利益和本能，不可能出现。

——轩辕启恒知道，小微企业最具成长性，回报率最高。今天世界500强哪怕在几十年前大多都不存在，今天的巨无霸起步时一样是小微企业，一样举步维艰。如果当时投资了这些小微企业，回报率远超其他任何投资。

——轩辕启恒当然也知道，小微企业的风险极高，他见过的创业者能熬过1年的都是少数，熬过5年的更是凤毛麟角，能留下来做10年以上的万中无一，却能赢得世界！轩辕启恒本人就是从十几个人、七八条枪闯出来的，一艘“蓬莱号”造就了轩辕家族的传奇，也掀开了华夏小镇的航海大时代。

移动互联为人类积累了大数据，小微企业风险源自信息不对称，大数据天眼之下小微企业风险已经被弱化。另一方面，移动互联已经具备了聚合“碎片化”资金的能力，“碎片化”资金恰恰是风险承受能力最强大的一种。站在个人的角度，“碎片化”资金投资收益带来的效用几乎为零，即资金承受风险的能力却无穷大。只有具备这样的特征，资金才可能投向风险最高的领域，当然也一定是收益最高的领域。

如果“碎片化”资金能投资于小微企业，将带来怎样一种金融业演进？能不能是商业银行、投资银行、风险投资后的第四次资金大融合——“碎片化”资金与创业者的融合？

轩辕启恒反反复复在想，他和华夏小镇一起等待，等待下一次产业革命，等待下一次展开金融之翼，等待下一次腾飞！

结束语：

金融危机嬗变定理

在第六章我们探讨过金融危机的成因，在这里我们对创新与金融危机的关系做进一步梳理，这个命题也是我们整个小镇金融故事中的主要结论，姑且称其为“金融危机嬗变定理”。

金融危机的真正成因是创新带来的社会前进动力的衰退，金融只是危机的货币表现；危机可能被金融市场触发，也可能被任何一个外部因素触发；真正消除金融危机，最根本的方法不在金融体系之内，而是以创新创造新市场，再以新市场吸纳资金。

我们用了一本书讲述华夏小镇创新与金融的嬗变，就是想告诉大家：危机虽然被冠以“金融”之名，然而金融并不是罪魁祸首。您可能注意到，小镇金融故事里金融监管的戏份并不多，危机成因既然在于创新嬗变，无论金融监管模型多么复杂，无论监管规则多么严格，终究无法突破经济学规律，如果规律可以超越也就不能称其为规律。

那人类究竟如何治理金融危机呢？让我们顺着历史的逻辑来寻找那失落已久的答案，或者说被有意无意间忽略的答案。

你可还记得我们第三章提出的“生存经济”概念？将那个时代人们的生存状况打一个比喻：“就像站在齐颈深的水中，稍有微波就能将人淹没。”几十万年的人类历史，其实脱离生存经济至今不过数百年。关于人类这段历程，最明显的例证是生产工具没有革命性变化，始终是铁制农具和耕牛。如果生产工具没有变化，产出便不可能有革命性改变。

工业革命把人类带入了流光溢彩的摩登世界，亚当·斯密在《国富论》中这样描述："屠夫、酿酒商、面包师给我们提供食品，他不是出于仁慈，而是为了从我们这里得到回报。"人们在市场上得到回报，也在市场上实现利润最大化。在每个人追求利益最大化的情况下，就会被一只看不见的手牵着，去实现一种他原本无意实现的目的，这只手就是看不见的手——市场。

无论多么巨大的创新终究要靠市场去完成，无论多么巨大的市场总有饱和的时候，一旦市场饱和，之前的产能又将在哪里消化？前期的利润又要去哪里？

关于如何解决这个问题，我想了很久，遗憾的是仍无法用规范的经济学语言来回答大家。迄今，人类已经用遍了经济学盒子里的所有方法，包括财政政策、货币政策、收入政策，以及限价等计划经济方法。然而，所有经济学盒子里的方法最终都归咎于无效，因为无论哪种方法也不可能造就"毁灭型创新"，无法造就一个重构世界的市场。要知道，创新，尤其是"毁灭型创新"，不可能按照人类意志安排好的路径前进。

既然人类永远不可能忘情创新，自然也就无法忘情金融。要平衡危机与创新，最根本的还是要让金融刺激创新，减少创新形成的时间。但这一切如同高等数学中的极限，只能无限接近，永远无法达到。

小镇金融故事里讲了一些兴衰起落，但最想说的道理就在"金融危机嬗变定理"的几句话里。这一定理可以用规范的经济学表述，也可以有严整的数理证明，小镇金融故事里我们尽量用简单的语言说完罢了。

这个故事，您如果看懂了那就是看懂了；如果没看懂，就当我在梦呓吧。

跋

在历史的长焦镜头中，金融与科技创新的关系诚如经济学家约翰·希克斯所言：“工业革命不得不等候金融革命。”

我们把人类技术创新与金融交互影响的历史浓缩在一个华夏小镇成长之中，商业银行支持了工业革命，投资银行支持了电气化革命，风险投资支持了信息化产业。在此过程中，金融与技术嬗变交互，创造了一个又一个美好的明天，繁华又一次次被这样或者那样的金融危机所湮灭。

由此，我们提出了“人类三次资金大融合”，定义了金融危机嬗变定理，目的是想跟大家一起探讨金融如何刺激创新，又如何避免危机。

让我们跟随历史，再一次穿越时空，站在那些荡气回肠的时刻，重新审视金融与创新相互嬗变的整个进程：

第一次人类资金大融合是 17 世纪末商业银行体系的出现，以英格兰银行为代表的新兴商业银行融合了农业资金与工业资金，纺织场得到了稳定的资金流。万能蒸汽机为工厂输送动力，商业银行则为万能蒸汽机输送金钱，在资金与技术的双重推动下英国终于爆发了第一次工业革命。

第二次人类资金大融合是 19 世纪末 20 世纪初投资银行的兴盛，以皮尔庞特·摩根为代表的投资银行家融合了每一个产业上下游的所有资金，打通了产业链上下游流动屏障。以投资银行为主体的市场主导型金融体系，具有天然的资本运营能力，实现了资本的市场化流动及有效配置，并借此形成电气化时代的规模效应，推动经济结构优化。以规模经济为主体的电气化革命完成了。

第三次人类资金大融合是20世纪中期兴起的风险投资，金融资金可以直接投资于人、投资于原创性项目，金融与人类智慧直接融合，激发创新、享受高收益。在信息时代，正是风险投资体系支撑技术创新和产业升级，奠定了信息产业基础，对信息产业持续发展具有巨大的引领和推动作用。

那些尘封的故纸堆告诉我们：一种技术创新从出现到普及必然有对应的金融逻辑，没有资金的支撑和保障，技术无法独自存活。任何重大的创新都是在偶然中寻找必然，金融的使命不仅在于输送了多少资金，还在于能容忍多少试错、承担多少风险。每一次金融革命不仅是创造新型金融机构，更重要的是金融机构对待风险的态度发生了质变。

最后，我们提到了轩辕启恒的畅想，人类能不能有第四次资金大融合？即“碎片化”资金与小微企业的融合，这可能将是移动互联催生的金融新形态，是一场超现实的金融革命，从根本上解决小微企业融资难的问题。

小微企业融资难，最大的原因在于风险高。如果资金量足够小，这种资金就会完全忽略风险，只有“碎片化”资金维度才能实现上述目标，在最大限度上承担风险。小微企业是人类的明天，开天辟地的创新都从小微企业开始。“碎片化”资金的投入不是飞蛾扑火，而是以极小的资金博取极大的收益。

300多年前人类创造了商业银行体系，100多年前人类开始投资银行体系运作，20多年前风险投资体系展现在人们面前，这些历程既支持了创新，又推动了国家崛起，最终改变了人类和世界。如果有人类第四次资金大融合，便可匹配“碎片化”资金的抗风险能力与小微企业的高回报，此为轩辕启恒所念，也是我们的新机遇！

附　录：

科技创新、大国崛起与金融柴薪

洞悉未来之路，就要知道过去的辉煌与沉寂，我们将之简单化在华夏小镇的成长之中，真实的历史是这样的。

工业革命还是金融革命

没有足够的资本，冒着黑烟的蒸汽机就无法转动。

英国工业革命早期使用的技术创新，大多数在之前早已有之。然而，技术革命既没有引发经济持续增长，也未导致工业革命。这是因为业已存在的技术发明缺乏大量及长期资金的资本土壤，不能使其从作坊阶段走向规模化的产业阶段[1]。因此，英国诸如钢铁、纺织、铁路等大规模工业的成熟发展必须经历一个等待的过程，当金融体系逐步完善、金融市场蓬勃发展后，工业革命也就随之发生。这就是“工业革命不得不

1　经济学家皮特・罗素（Peter L.Rousseau，2001）将此现象定义为“金融引导”，将经济加速成长的原因归于金融体系的“大跃进”。

等候金融革命”[1]。

工业革命时期，大英帝国经济得到快速发展。1700—1780年，英国国民产出年增长率只有0.7%左右；工业革命之后，从1780年开始增长迅速，1780年到1801年，增长率达到1.32%，之后的三十年增长率最快，为1.97%。（如表1所示）

表1　英国国民生产总值（GNP）增长率

年份	增长率
1700—1760	0.69%
1760—1780	0.70%
1780—1801	1.32%
1801—1831	1.97%

资料来源：Crafts，N. F.（1985）. British economic growth during the industrial revolution. Oxford University Press，USA.

另从英国国民总收入、工业增加值、国债发行量来看（如表2所示），英国经济也是在工业革命之后得到了迅速提升。国民总收入1759年为66.84百万英镑，到1801年增长三倍，为198.58百万英镑；工业增加值1770年为22.9百万英镑，到1831年增长五倍，为113百万英镑；国债发行量从1760年的101.70百万英镑，到1819年增长七倍多，为844.4百万英镑。

1　S. D. Chapman.The Cotton Industryin Industrial Revolution.The Macmillan Press LTD，1977：38.

表 2　英国国民总收入、工业增加值、国债发行量数据

经济金融指标	年份	统计值
国民总收入（GNI）	1688	54.44 百万英镑
	1759	66.84 百万英镑
	1801	198.58 百万英镑
工业增加值	1770	22.9 百万英镑
	1801	54.1 百万英镑
	1831	113 百万英镑
国债发行量	1760	101.70 百万英镑
	1801	456.1 百万英镑
	1815	744.99 百万英镑
	1819	844.4 百万英镑

资料来源：国民总收入数据来自：Lindert，P. H.，& Williamson，J. G.（1982）. Revising England's social tables 1688-1812. Explorations in Economic History，19（4），385-408；工业增加值数据来自：徐滨 . 英国工业革命中的资本投资与社会机制［M］. 天津：天津社会科学院出版社，2012：76；国债发行量数据来自：Michie，R. C.（1999）. The London Stock Exchange: A History. Oxford University Press，123。

究竟是谁把人类带出洪荒?

是工业技术，当然也必须有金融!

蒸汽机可以代替传统的动力，但这个庞然大物消耗太大，只在纺织业部分推广，其他行业的动力仍依靠自然动力。蒸汽机不能推广，主要还是因为没有资本。

没有足够的资本，冒着黑烟的蒸汽机就无法转动。

是没有资本，不是没有财富。

资本不是财富，但是资本是风向标，资金要流向创新行业，一定要有这样的示范效应才能在全民推广技术革新。

资本只是火种，是点燃财富熊熊烈火的火种。没资本，这场期待已久的工业革命不得不再等一等，等待即将到来的金融革命，当这一天到来的时候蒸汽机才能将七彩祥云喷薄而出，把人类送入新的世纪。

金融革命姗姗来迟，因为英格兰银行虽然是私人占股，但最初只给王室融资，为战争筹款，而不为工业革命筹资。当年的企业就如同今天的小微企业，很少有人会顾及。

还好，英国还有其他非银行金融机构——金银铺。

金银铺，就是商业银行的雏形，也是商业性金融机构真正的鼻祖，伦敦的私人银行前身大多数是金匠铺。在当时，纸币还没有出现，充当货币的主要是金镑，由于其携带不方便，伦敦的商人们便将自己的现金储存在金匠铺。金匠（Goldsmith）原是制造兼买卖金器的店铺，他们拥有职业看守人员以及保险库。

最初商人们在金匠铺存钱时需要支付给金匠铺管理费，然后得到一张票据，据此随时提取金镑。随着金银铺发展壮大，其开出来的票据可以作为支付手段进行交易。为了方便交易，金匠们还将一些大额的收据拆分成多张小面额的收据。由于票据远远方便于金镑，很快就在伦敦流行起来。

如同中国宋代的交子，英国的匠人们很快发现只要有足够的信誉，总会有一些金子沉淀在自己这里，多开一些票据出去也是可以的。于是，金匠们开始拓展自己的业务，他们将保管在自己这里的现金也作为贷款发放出去。

从 1725 年开始，伦敦银行的数量快速上升，此时，人们将之称为“城市银行”，也称私人银行（与今天的私人银行不是一个概念）。当时“城市银行”分为两类：第一类是伦敦“城”的银行，即坐落于伦敦中心金融区的银行，从 1725 年的 23 家增长到 1851 年的 79 家（如表 3 所示）。城里的银行主要经营政府债券和英格兰银行、东印度公司和南海公司的股票，同时也担任荷兰投资者和英国地方银行的金融代理。

另一类就是郊区的银行，称作“乡村银行”，这一类银行增长更为迅速，1750 年还不到 12 家，1838 年就超过 1200 家（如表 4 所示）。

乡村金银铺也会有一些资金沉淀，就是“乡村银行”率先将钱借给开工厂的人。金德尔伯格在那本传世的《西欧金融史》中对英国“乡村银行”大加称赞，指出作为地方银行的“乡村银行”在金融革命以后的社会经济发展中发挥了重要作用，是工业革命期间制造业融资的主要渠道。

表 3　伦敦“城市银行”数量表

年份	银行数量
1725	23 家
1759	24 家
1771	40 家
1781	51 家
1792	62 家
1801	68 家
1810	84 家
1821	69 家

（续表）

年份	银行数量
1831	65 家
1841	82 家
1851	79 家

资料来源：Price，F. G. H.（1891）. A Handbook of London Bankers: With Some Account of Their Predecessors. Simpkin，Marshall，Hamilton，Kent & Company.

表 4　英国“乡村银行”数量表

年份	银行数量
1750	不超过 12 家
1776	150 家
1790	350 家
1797	230 家
1808	超过 600 家
1810	721 家
1820	超过 780 家
1838	超过 1200 家

资料来源：徐滨. 英国工业革命中的资本投资与社会机制［M］. 天津：天津社会科学院出版社，2012：76.

“乡村银行”肯借钱给资本家当然是好事，但是，“乡村银行”有着致命的缺点，乡村资金富裕时间集中在5月和11月农作物收获之后，而资本家需要的是稳定的资金来源。这个时候，“城市银行”终于看到了这个巨大的市场，冲了进来。“城市银行”的介入迅速丰富了当时的银行业务，它们不仅通过贴现票据、发放短期贷款来为顾客提供短期资本，同时，还在票据贴现时充当乡村银行的中间人。

“城市银行”的介入彻底满足了工业发展的需要，“城市银行”提供了现金从一个地区流向另一个地区的渠道，1800年后专职的证券经纪人开始接替这类业务。

18世纪中叶，英国的工业革命开始后，英国的“城市银行”数量急剧上升：从1750年的大约30家发展到1770年的50家、1800年的80家。它们主要通过贴现票据、发放贷款来为顾客提供短期资本。当时的“乡村银行”主要吸收地主和农民的存款，因而资金比较充裕，而工业地区的银行则需要大量现金来贴现票据发放贷款，因此这些“城市银行”便搭建了资金转移的桥梁。“乡村银行”像其他商业银行一样，吸收存款支付利息，同时以更高的利率放贷出去赚取利润。它主要的贷款客户一般将钱用于经营的流动资金，而不是一般的个人消费。

为了能够取得更多的资金，一些公司开始向多家银行同时贷款。“在以前的交易中，卡伦公司把资金来源局限在一家银行，到加斯科因时，这种状况发生了变化，他向许多金融机构求助。因为公司明显有更多的机会从几家银行各借款一点点，而不是从一家银行借一大笔资金。曼斯菲尔德、亨特把对卡伦公司的贷款从7000英镑增加到1.5万英镑，西斯尔银行以前每周提供200英镑（时间四个月），后来又延长到6个月，这样总共提供5600英镑。英国亚麻银行在28周内每周提供100英镑，总共 2.8 万英镑。”[1]

银行在工业革命时扮演着非常重要的角色：它是资本转移的桥梁，能有效配置各地区的资本分配。“乡村银行”吸纳地主、农民、商人们的各种票据、现金等作为存款，同时“乡村银行”又将这些富裕的资金汇到伦敦的相应银行，伦敦的银行汇集了来自各个地区的存款之后，再将其转移到大量需要资金的工业地区，使工业地区的银行有足够的资金满足客户的融资需求。

这样资金的转移过程具有很强的季节性，往往发生在深秋和早冬。那个时候，农产品正好已经收获并出售，乡村地区闲钱较多，而工业地区则是到了年末结算急需现金的时候。英国节俭的南部、东部与富有进取心的中部和北部通过银行联系在了一起，这对双方都是互惠互利的。农村地区可以通过为高速发展的城市和工业地区提供资金而获得收益，而工业地区则可以借助这些融资建设基础设施进行工业生产。在工业革命期间，伴随着银行的诞生崛起，证券机构也出现了。

在 1856 年《有限责任法》实施前，英国就已经有企业开始通过发放债券来获得资金，有闲置资金的人们很乐意采用这种投资方式。这样，企业就可以获得足够的资本进行发展。布莱克本的棉纺工厂主卡德韦尔、伯利和霍恩比在 1812 年的账册中有 97 个小投资者的名单，其投资总额为 3.6 万英镑。证券机构的诞生，使得小有产者找到了一种更合适的投资渠道，还可以通过分散投资来减少自己的风险。通过发行债券进行借款并建立从事证券交易的机构可以吸引投资，满足工业革命时期经济发展的资本需求。

约翰 · 希克斯说：“工业革命不得不等候金融革命。”从 1688 年

---

1 舒小昀，英国工业革命前期的资本来源初探［J］. 湖北师范学院学报，1995（4）。

光荣革命算起，到1763年七年战争结束，英国缔造近代文明的顺序是这样的：政治革命、金融革命、工业革命。

制度革命造就了相对清明的君主立宪制度，国家决策程序进入集体理性渠道；金融革命造就了国债体系、央行和商业银行体系，无论财政汲取能力还是工商企业融资能力均已非昔日可比；在制度革命和金融革命的保障下，人类终于率先走出洪荒，轰鸣的蒸汽机把人类带入工业时代！

对这个过程，马克思一针见血地指出：资本主义革命、资本主义制度的形成，不是一般的生产力革命，而是以一场深刻的金融革命为标志的，它的最大成果就是国际信用体系的形成。

金融革命来了，工业革命还会远吗？

英镑永不眠

金本位胜出，英国在金融上占尽了先机，确立金本位后，很快英国就迎来了最辉煌的时代。

三千年文明史，世界上曾经出现过很多帝国，最强盛的莫过于大唐帝国，版图最大的莫过于大元帝国，其余横跨亚非欧的帝国也很多：罗马帝国、波斯帝国、马其顿帝国、拜占庭帝国、奥斯曼帝国等。但是，人类历史上第一代世界性大国无疑是大英帝国，也是唯一真正的“日不落帝国”。

工业革命和金融革命为大不列颠及北爱尔兰联合王国提供了巨额财富，英国的殖民地遍布全世界，包括闭关锁国的大清王朝也在鸦片战争中被敲开了大门。18世纪的英国经济学家杰文斯说：北美和俄国的平原是我们的玉米地，芝加哥和敖德萨是我们的粮仓，加拿大和波罗的海是我们的林场，澳大利亚、西亚地区有我们的牧羊地，阿根廷和北美的西部草原有我们的牛群，印度人和中国人为我们种植茶叶；而我们的咖啡、甘蔗和香料种植园则遍及印度群岛，西班牙和法国是我们的葡萄园，地中海是我们的果园；长期以来早就生长在美国南部的是我们的棉花地，现在正在向地球的所有温暖区域扩展。

英国把海外殖民地作为原料供应地和产品倾销市场，不但国际贸易，就连在本国的货币流通也得用英镑。就这样，英镑理所当然地成为第一代世界货币。1821 年，英国第一次在全世界明确了金本位制，以帝国的名义正式宣布了英镑的黄金含量，每英镑含纯金 7.23388 克。

所谓“金本位”是典型的自由货币制度，任何人（也可以是国家）拿着足量的黄金都可以作为货币，可以放到英格兰银行换取英镑，也可以拿着英镑去英格兰银行换成黄金。至于各国之间不同货币的汇率，就是按含金量进行比较，完全是固定汇率。

当时，只有英国及其殖民地才实行金本位：加拿大、葡萄牙、土耳其、埃及、巴西、智利和澳大利亚，其他国家一般都是银本位或者金银复本位。在当时的世界，有金本位、银本位、金银复本位竞争，结果是显而易见的：金本位胜出，英国在金融上占尽了先机。

确立金本位后英国很快就迎来了最辉煌的时代，很难说清楚是世界货币刺激了英国经济，还是英国经济成就了英镑的世界货币地位。

第一次工业革命就发生在这个时期。1860 年，欧洲工业品约占全世界的 90%，而英国占欧洲的 60%、占全世界的 40%—50%；1870 年，英国钢铁产量在世界占到 50% 以上；到 1900 年，如果说英国工业化水平为 100，后起之秀美国还不足 40……

在英国的强势推动下，法国、荷兰、葡萄牙、西班牙、比利时、意大利、瑞士、德国、丹麦、瑞典、挪威等西方主要国家货币本位全部演进到金本位，英镑则在整个体系中处于核心地位。

此时，英国不但拥有全世界最强大的科技力量、军事力量，还拥有最强大的金融力量，国内有一个良好的信用体系和货币体系，一个全球规模最大、最具备吸引力的金融市场，一个以英格兰银行为核心的金本位制度……

最重要的是，全世界必须用英镑才能来英国购买工业品。

19 世纪 70 年代之前，英国只是占据了庞大的殖民地，随着英镑在世界货币体系确立中心地位，除了中国、普鲁士和少数中美洲国家继续实行银本位制之外，其他国家均实行金本位制。

这一时期，金本位制覆盖了世界货币交易量的 2/3，太阳照耀的地方就有英镑流通，这才是真正的“日不落帝国”。

金融与工业革命为英国插上了腾飞的双翼，它从欧洲的一个二流国家一跃成为第一代世界霸主。

日暮南海

英国资本主义的过程实际上就是金融业与工业恶劣关系的历史。

盛极必衰，世界性强国的规律也一样，除了新人超强的“毁灭性创新能力”，前任霸主的自我陶醉也要对自己的命运负责，大英帝国的命运就是如此。

英国经济走下坡路伴随着金融模式的衰落而开始。与其他工业国家不同，英国金融部门的规模相当大，而且在整个经济中扮演着非常重要的角色。威尔·赫顿认为，英国金融业缺乏对国内工业的长期资本投资是经济衰落的主要原因。他说：“英国资本主义的过程实际上就是金融业与工业恶劣关系的历史。”

我们说过，“资本”的特征是追求收益，资本会衡量风险，但是，如果收益足够大风险便可以对冲。对资本来说，不仅仅实体企业能带来收益，金融自己也能带来收益，而且这门生意更快、更高、更强。由于资本逐利的本性，对短期回报的看重远远优于长期回报，忽略工业部门的长期投资也就不足为怪了。

与严谨的工业工艺相比，金融更具备浪漫主义气质，而浪漫有时又是不可靠的。当时的英国就是这样，工业革命到达鼎盛之前，1720 年英国曾发生了一场金融危机——南海泡沫危机，差点把刚刚兴起的工业革命扼杀于无形，就连伟大的牛顿都慨叹“我能计算天体的运行轨迹，却不能理解人类的疯狂”。

金融革命从支持实体经济转向自我循环，这是工业革命乃至英国的命运转折点，金融学先贤们已经对此有了很多论述。

——英厄姆在他颇具影响的《资本主义分裂了吗：英国社会发展中的城市与工业》一书中认为，伦敦金融城实行金融垄断后，注重短期回报、轻视新的资本投资，导致了制造业的衰落。对于英国金融机构来说，短期投资回报快的项目更值得青睐，到了工业革命后期，他们无法在国内寻找到足够多的资金出路时，开始将视野投向国际市场。

——格申克龙在《经济落后的历史透视》一书中指出，英国经济的“大迸发”主要发生在 18 世纪末 19 世纪初，这时从早几个世纪的贸易、现代化的农业和后来的工业化本身积累的资本已“排除了为工业提供长期资本而发展银行的压力”，“银行只需积累和利用资本，不需要创造”。

——柯林斯在《冲突社会学》中补充说，英国资本主义实行的金融体系寡头统治，银行体系最大限度地占有稀缺资源的数量和提高自己的主观地位，由于财富、权力及其他产品的不平等分配引起冲突，导致发展的不平衡，“满足不了经济的长期投资需要”。

——更重要的是金融监管。金融监管与金融创新是一对天然的死敌，尽管金融监管肯定落后于金融创新，但金融监管在任何一个国家都代表着官方势力，不管是银行、券商还是保险，想玩死你分分钟的事。所以，我们有了一个非常学术的名词叫“监管过度”，监管部门从来都是如此，开始不闻不问，等到金融创新一眼望不到边际的时候就会跳出来——反正我管不了，干脆我就一刀切，管你有用无用，一律不得出现！在金融市场方面，由于从一开始的零监管到后面的矫枉过正，这使英国股票市场的发展受到了限制。

在英国，股票交易从1555年左右就开始了，由于1720年的“南海股票泡沫”事件导致金融市场混乱，英国议会（此时英格兰银行还不算是中央银行，只是为众多王室服务的金融机构之一）迅速出台了《泡沫法案》（The Bubble Act）限制公司股票的上市。该法案对于上市公司的要求过于严格，以至于英国的股票市场一直停滞不前，这一停就是130余年，直到1850年以后，英国股市才开始复苏。

但是，就是在这段时间，大西洋彼岸的新大陆美国已经兴起了投资银行，J.P. 摩根等人已经开始并购全世界。

英国错失了成为资本主义金融中心的良机，给了美国后来居上的机会。

点亮世界的不是爱迪生

电灯里燃烧的不仅仅是爱迪生的智慧，还有J.P. 摩根的美元。

不论您是否从事金融，大多数人都知道一个传奇的美国人——皮尔庞特·摩根，即摩根财团的创始人——J.P. 摩根。

摩根财团强大、神秘、富有，20世纪初期家族财产一度超过30亿美元，绝对称得起富可敌国四个字。摩根财团甚至曾经承担着美联储的角色，是新一代世界霸主的名片，是美国崛起的象征，其成败完整记录了一个属于美国的世纪。

仅仅就铁路而言，J.P.摩根掌控了全美70%左右的铁路，总长度10万公里。追溯美国的成长历程，我们要从摩根财团说起。

全世界几乎每一个人都知道爱迪生发明了电灯，实际上，电灯里燃烧的不仅仅是爱迪生的智慧，还有J.P.摩根的美元。

爱迪生也是一个穷人，不然就不会被老板打聋耳朵了。穷人适合按部就班向前走，不承担任何风险。创新这种风险很高、成功概率低的工作，原本就不是爱迪生能干的，尤其是搞工程试验。工程试验要耗费很多材料、很多钱，爱迪生一贫如洗，哪里来的钱买材料，又如何能养活自己？

——J.P.摩根。

爱迪生每天试验电灯的花费大约在800美元，普通人难以承受。J.P.摩根替爱迪生支付这笔费用，所以爱迪生才能安心研究电灯。非但如此，J.P.摩根的家也成了爱迪生的实验室，这是一栋纽约的豪宅，在哈德逊河畔，院子里有网球场，还有供游艇停泊的码头。不久，这里就成为人类第一个点亮电灯的地方，J.P.摩根是电灯的投资者，也是电灯的第一个使用者。

当时，这座豪宅里装了一台发电机，爱迪生用4000米线布满地板和墙壁，装了400多个电灯座。经过了不知多少次试验，花费了不知多少个800美元。

1879年10月22日被载入了人类史册，这一天J.P.摩根在自己的宅邸举办了一个盛大的仪式——点亮了自己住宅的电灯，与亲友共同见证了人类历史上第一次点亮黑夜的奇迹。1879 年的圣诞节，爱迪生和摩根在门罗公园点亮了 60 盏电灯，当人们喊出“爱迪生万岁”的时候，或许不会知道，点亮万家灯火的不仅仅是电流，还有摩根源源不断的金钱。

电灯是人类的一个奇迹，当时人们还无法理解这究竟是怎么回事，简直就是魔法。其实，是摩根用金融魔法棒点亮了爱迪生的天才创造力。J.P. 摩根开始意识到一个惊人的事实：一旦电流成为美国最主要的能量来源，他将控制世界的财富。创新同样能带来并购的暴利，J.P. 摩根要用电能砸烂一个旧的世界，并成为人类历史上的一个传奇人物。

从此，第二次工业革命来临了，电气时代来临了，人类的新世纪来临了。铁路、石油、电能、钢铁建立了一个崭新的美国，让美国高耸入云。瓦斯灯、煤气和蒸汽彻底成为历史，没有火焰，没有木炭，没有油，只有一种看不到的能量在流动！

看到了利润，接下来的事情很顺利。摩根给了爱迪生 1000 万美元，注册了爱迪生电灯公司，也就是今天的通用公司，愿景是把电灯推广到全世界。顺便说一句，通用公司自道琼斯指数创立起就名列其中，也是最初名列其中的 12 家公司中唯一留下的公司。J.P. 摩根和爱迪生成功了，次年，他们在纽约建立了一座地下发电站，并且在城市中铺设了电网，人类用电力点亮了一个城市！

J.P. 摩根输出的是电能，收回的是一笔笔无穷的财富，这是开天辟地的创新。从纽约到费城，从美国到欧洲，如果电能在人类普及，这将是一个多么巨大的市场，能创造多么巨大的财富。

然而，现实世界永远不像故事那样激动人心，在重大创新面前即使天纵英才也不可能一蹴而就。摩根最致命的敌人很快就出现了——不是洛克菲勒的石油公司（之前人们夜间照明使用的是煤油灯，来自洛克菲勒的石油公司），而是一位现代工程学的奠基人——特斯拉，他是爱迪生的徒弟和员工。如今，我们熟知的特斯拉电动汽车就是为了纪念他而命名的。

与小学毕业的爱迪生相比，特斯拉与比尔·盖茨有一拼，特斯拉退学是因为大学课程对他来说太无聊了。1883 年，特斯拉已经制造出了世界上第一台小型交流电电动机，但特斯拉的需求跟爱迪生一样，需要找一个金融大亨出钱来支持他完成后面的事业。

直流电的供电范围不能超过 1 公里，超过 1 公里就要重新建立发电站。如果要把电能推广到全世界，只有使用交流电。这才是摩根最致命的危机：他没有看错电气化的前景，但直流电和交流电，二者在世界上只能留一个。毫无疑问，交流电在输送方面的优势是直流电无法比拟的，如果摩根做错了这道选择题，他将输掉整个世界。

后人总结摩根的投资模式时发现，他并不是一个能在竞争中取得优势的人，摩根及其祖先并不擅长击败对手。相反，摩根家族始终擅长另一种方式：与竞争对手联合，控制市场，获取最高利润——也就是现在所说的投资银行业务——并购。

此时，资本面对天才露出了狰狞的面孔。

在爱迪生毫不知情的情况下，J.P. 摩根开始暗自收购爱迪生电气公司股票，直至成为第一大股东。

1892 年 3 月，J.P. 摩根毫无预兆地向爱迪生宣布，自己已经拥有公司绝对控股权，决定并购特斯拉的电气公司，公司合并后称为“通用电气”。最关键的是，爱迪生将不再是通用电气总经理，只能按照持股比例做一个股东。

在电气化世界即将来临的时候，发明家被金融家清洗出局了。

很多人为此指责 J.P. 摩根背信弃义，也有人说，J.P. 摩根作为投资家不应该干涉企业运营。但是，在势不可挡的电气化大潮面前，必须使用交流电，执着于直流电只能阻碍世界前进。

发明家对发明的执着是好的，只有抱着这种执着才能取得重大的成绩。但现实是残酷的，重大的发明创造不知要经过多少次试错，成千上万次失败更不知要耗费多少财富和机会，不可能把希望寄托在一个人的身上。

在众多科学技术面前，选择权就留给了金融家。与科学相比，金融家更加信仰利润与理性的选择。1895 年，J.P. 摩根建立了 J.P. 摩根公司，也就是后来的摩根财团。同年，J.P. 摩根公司在经济最艰难的时候向政府融资 6000 万美元，拉开了摩根时代的序幕。

人们即将目睹一个电气化的世界，一个被点亮的新世界。

19 世纪中期，美国工业产值不足世界霸主英国的一半，20 世纪初，美国工业产值已经全面超越了英国，占世界的一半。19 世纪后半叶是美国爆发的时期，这个世纪的最后 30 年，美国制造业增长 84%，其中最后 5 年间增长约 30%，最后 10 年间增长约 80%。

如此速度，方为崛起!

沉没的泰坦尼克

即使肢解了托拉斯，如果没有“毁灭型创新”出现，估计美国也迟早会衰亡。这个时代的特征，也是帝国主义的五大特征，其中第一个特征是：生产和资本的集中发展到这样高的程度，以致产成了在经济生活中起决定作用的垄断组织。

托拉斯就是帝国主义的最高形态——垄断资本主义，其中最典型的特征就是“产业 + 金融”，产业资本和金融资本相结合的金融寡头，横跨金融与实业两界。

这是帝国主义垂死挣扎的时代，也是一个爆发的时代。

巨型托拉斯在这个世界上出现了，它们有着世界上最低的人力成本，最大的销售市场，最先进的技术和设备，这些优势终于实现了联合。

经过了一系列并购整合，美国企业的成本开始显著低于其他西方国家，从 19 世纪 90 年代开始，美国工业无论是在总量、增长率还是在技术进步方面都跃居世界首位，在各个领域都出现了当仁不让的势头。

卡内基、爱迪生、特斯拉、洛克菲勒，这些励志的心灵鸡汤，都是小微企业起家，他们通过伟大的创新改变了世界，而这个过程没有主导并购的 J.P. 摩根是绝对无法完成的。没有金融提供足够的资金，哪怕天才如爱迪生也无法登堂入室。

1880 年之后，美国出口产品结构迅速发生了不可思议的改变，钢铁从逆差转为顺差，且在出口总额中迅速攀升到第一的位置，要知道在那个时代钢铁才是最为先进的生产力代表。随后，原棉、小麦、烟叶、谷物等原有支柱产业开始迅速衰退，欧洲进口商品历来以东方为主，而 1880 年之后美国出口商品迅速占到 70%。

19 世纪末至 20 世纪初，美国一举取代英国成为世界霸主，最基本的力量就是国内有这些巨无霸型的托拉斯。

更激进的是，美国的边疆逐渐消失了，西进运动正好发生在这个时代。来自全世界的淘金者不停地西进，为美国开发新的国土，同时扩展了国内市场范围。要知道，这批人是世界上最具创新能力的人，技术、意识都是第一流的，他们的到来为美国源源不断地提供着最优秀的人力资本。从此，一个蛮荒之地的弱国开始成为具备顶级创新能力、战略纵深的经济大国，并问鼎全球霸主的宝座。

任何事物发展都会有反面，金融与产业资本的结合带来了另一个结果：左右政府决策，也把普通人压榨到极限。从卡内基开始到后来“泰勒工作制”，垄断资本家既可以切割消费者剩余，也可以把工人剥削到极致。

这些垄断企业从上游到下游，吃了整整一条鱼，马克思精准地判断出这种社会体制弊端无法治愈：资本主义的基本矛盾是生产社会化与资本主义生产资料私有制之间的矛盾，具体表现在消费上就是生产无限扩大的趋势与劳动人民购买力相对缩小的矛盾。

一方面，垄断企业富可敌国，另一方面，却开始在利润的驱使下无所不为——只要能降低成本，什么都敢做！托拉斯在本土的垄断能力最强大，他们既可以垄断全部资源，也可以扼杀所有创新，世界已经尽在彀中。

人们开始意识到政府官员和资本家都在以一种合谋的方式触犯法律，最终的代价就是我们的“自由”，金融寡头成了过街老鼠，被冠以“叛国贼”“无耻”“强盗”等字眼，反托拉斯成了一种社会风潮，谁支持托拉斯，谁就不可能得到总统的宝座。

那个时代曾有一艘豪华游轮名冠世界——泰坦尼克号，托拉斯就是一艘沉没的泰坦尼克。泰坦尼克号的故事大部分人都知道，大家不知道的是泰坦尼克号的大股东正是美国金融寡头之王——J.P. 摩根，而且 J.P. 摩根也有一张泰坦尼克号首航的船票，这艘船上有他专享的一个豪华舱位。不知什么原因，起航前 J.P. 摩根突然取消了行程。

J.P. 摩根幸免于难，但他和同辈创立的托拉斯却难逃厄运：1911 年 5 月 15 日，美国最高法院依据 1890 年《反托拉斯法》判决美孚石油公司为垄断机构，洛克菲勒石油帝国被肢解为 37 家石油公司；1933 年，根据《格拉斯 - 斯蒂格尔法案》（Glass-Steagall Act 也被称为《1933 年银行法》），J.P. 摩根被肢解为 J.P. 摩根和摩根士丹利……

创新再好，也要美刀

实体企业有创新，金融产业同样也有创新，金融以服务实体经济、特别是创新型小企业为天职。

美国，加利福尼亚州，101 号公路。

这三个关键词意味着距离旧金山 50 公里的一个小地方。50 公里不过是一个县的大小，但就是在这 50 平方公里的地方有 8000 多家电子企业，全球前 100 名的高科技公司约 20% 落脚在这里：英特尔、思科、升阳、网景、3com……

这里就是硅谷。

——硅谷是一个诞生财富奇迹的地方：从 20 世纪最后 10 年到现在，平均每周有近 20 家新公司成立，每周会有一家新的公司上市，每一个日夜过去就会有 62 个百万美元的富翁诞生。

——硅谷集中了全世界顶级的工程科技人才，硅谷对他们的吸引力就像好莱坞对全球影迷的魔力一样。如今，硅谷已经被供奉于神一般的科技殿堂之中，全球任何一个高科技领域的顶尖公司，硅谷几乎都有涉及。很多人说硅谷掀起了第三次工业革命，信息技术像机械动力、电气动力一样正在改变整个世界，改变了全世界的工作和生活。

——硅谷甚至也是传统产业的天堂，比如房地产。大家应该也能猜到，只有精英聚集的地方才能支付最高的房价。硅谷——当然也是房地产的天堂，这小小的地方新房开工率一直在全美最高，无论外部经济怎么风雨飘摇，这里的房价从来没有巨幅波动过。

很多人说，人才 + 全球顶级的大学 + 全球最先进的理念 + 全球最优秀的激励制度 + 全球最高效的政府管理，所有这些创造了硅谷。

但是，所有这些还是不够的，还缺一样关键的东西——资本！

其实，很多科技创新就是Idea，既没有房子做抵押，又没有人作担保，更没有经过市场检验，银行当然就“不感冒”。所以，创业听起来是美好的，但过程是相当艰辛的……

没抵押，没质押，这就能难倒金融吗?

实体企业有创新，金融产业同样也有创新，金融以服务创新型小微企业为天职。当年，银行还方兴未艾，一种崭新的金融形态却已脱颖而出——风险投资。

风险投资（Venture Capital）对我们来说并不是一个陌生的名词，美国风险投资协会如此定义自己的行业：风险投资是指由职业金融家投入到新兴的、迅速发展的、有巨大竞争力的企业中的一种权益资本，它就是高科技转化为实际利润的催化剂，是当代金融支持小微企业的典范。

与传统金融行业相比，风险投资意味着多担风险，所谓“高科技”很多也是前景不明。但是，风险投资中的Venture不是纯粹的Risk，Risk只能接受风险，Venture是可以选择风险。

面对风险，投?不投?

为什么必须投小的，真正的创新也有很多是在小企业发生的。

20世纪90年代末期至今，近2000家公司向硅谷投入了近200亿美元的原始风险资本，硅谷之所以被称为硅谷，不仅仅是因为创新能力，也不仅仅是因为这里集中了全球最优秀的人才，还因为这里是全球风险投资的圣地。

过去几十年里，硅谷的才华和金融合体创造了一个崭新的世纪，一大批小微企业成长为富可敌国的巨无霸：Apple、雅虎、谷歌、英特尔、微软、甲骨文、思科、国家半导体、Amgen、Genentech……创业者缔造了一个又一个帝国，崭新的技术改变了人类生活。

金融为何会选中硅谷，因为这里代表着一种人类的精神。

创新，就如同战争中第一个登上敌人城堡的英雄：先登城者，赏万户为侯。榜样的力量永远是无穷的，有了一马当先，就会有万马奔腾。硅谷微电子、半导体和信息产业群聚效应就是这么发生的，在风险投资的引导下，一个个小娃娃成长为巨人。

这里的金融不畏惧失败，更不畏惧风险，因为风险的背后是超高的利润，一旦成功就是富可敌国。在硅谷，一个成功的创业者从公司创立到上市平均只需 18 个月，而且时间越来越短。这里没有领导和员工，更没有人的等级之分，今天的打工仔明天可能就是亿万富豪，所需要的只是人的思维和 Idea，这就是创造最大价值的服务业。例如，MSN 的创始人是一个印度人，从创业到把公司卖给微软不过一年时间，几个小青年的聊天邮件软件交易价格居然突破了 1 亿美元!

为什么创新容易在小企业实现?

大公司、大企业如同计划经济，难以实现优胜劣汰机制。现在的世界是它们创造的，打破自身藩篱的成本实在是太高了。就算企业家有开天辟地的精神，但是失败的成本也太高；市场可以轻易淘汰一个没有前途的小企业，一个大企业内部却很难容忍革命性的创新项目失败。

对新生公司来说却不是这样的，它们完全没有条条框框的束缚，完全是无知者无畏；决策一件事一个人或几个人说了就算；一旦成功有着无限回报，也就能拥有足够的激励。

除了 MSN，还有无数这样的例子。20 世纪 80 年代，硅谷成为软件园地；20 世纪 90 年代，互联网在硅谷兴起，传遍全球，改变了人类生活；1999 年，纳斯达克指数上涨了 89%，2000 年 3 月 10 日，最高位达到 5048 点，先后有 5000 多家企业在此上市，成为全球高科技企业的资金血库。

直到现在，不少大公司的技术革新都是在购买小企业的专利，真正的创新很多也是在小企业发生。大公司关注小企业创新，真正的金融也会关注小企业，做小企业、搞创新，前景无限。

为什么说“小的就是美好的”，因为只有小的才是个人天赋可以承担的。有时候创业者动辄将“高科技”挂在嘴边，意思是自己的技术可以建立行业壁垒。在我的眼中，创业者口中的“高科技”不一定如何，创业者技术是可量产、可商业化的项目，只有人才有创造天赋！

所以，人才是风险投资的真谛——投资于人，不投资于技术。风险投资人看重的要么是创业者的创造力，要么是拼搏进取的精神，要么是在某领域的商业天赋，一切归根结底都有且只有一个因素，那就是人。

建立信任，才有融资。

20 世纪 90 年代末期至今，硅谷选择了金融，金融也选择了硅谷，创新如同战争中第一个登上敌人城堡的英雄，金融则是那道奖赏令——先登城者赏万户侯。金融并非不畏惧风险，而是更看重风险背后的高利润，尽管失败一百次，但一次成功就能富可敌国。

如此，点燃凡尘创新之火，必有人类日新月异！